वर्तमान सदी में मार्क्सवाद

वर्तमान सदी में मार्क्सवाद

गोपाल प्रधान

AAKAR

वर्तमान सदी में मार्क्सवाद
गोपाल प्रधान

प्रथम संस्करण, 2018

ISBN 978-93-5002-492-8 (Hb)

प्रकाशक

आकार बुक्स
28 ई, पॉकेट IV, मयूर विहार फेज़ I
दिल्ली 110 091
aakarbooks@gmail.com
www.aakarbooks.com

टाइपसैट
लिमिटेड कलर्स, दिल्ली 110 092

मुद्रक
सपरा ब्रदर्स, दिल्ली 110 092

विषयअनुक्रम

भूमिका के बतौर	7
1. मार्क्सवाद की सदी	21
2. मार्क्स के जीवन और विचार पर मजेदार टिप्पणी	28
3. दुनिया को समझने और बदलने के प्रयासों का लेखा जोखा	31
4. नव हेगेलपंथियों से मार्क्स का अलगाव	36
5. युवा मार्क्स : एक अध्ययन	41
6. नई सदी में द्वंद्ववाद	47
7. मार्क्सवाद और समाजवाद	53
8. पुरानी कहानी दोबारा	63
9. इक्कीसवीं सदी के समाजवाद का खाका	74
10. आज का समाजवाद	79
11. डेविड हार्वे द्वारा 'पूँजी' का अध्ययन	91
12. बढ़ता दबदबा	98
13. चढ़ाव उतार का जायजा	108
14. कार्ल मार्क्स की एक नई जीवनी	115
15. किसान और मार्क्स	124
अंत में	133

भूमिका के बतौर

सोवियत पतन के बाद का मार्क्सवाद का विरोध नए हालात के मद्देनजर थोड़ा मंद पड़ा है। एक ओर अमेरिकी साम्राज्यवाद के विध्वंसक उभार तथा हाल में आर्थिक मंदी की चपेट और दूसरी ओर लातिन अमेरिका में एक के बाद एक देशों में मार्क्सवाद समर्थक दलों की विजय ने मार्क्सवाद को दोबारा प्रासंगिक बना दिया। इस राजनीति का अगला कदम ग्रीस, पुर्तगाल और स्पेन जैसे दक्षिणी यूरोपीय देशों में पड़ा है। अब उसकी धमक इंग्लैंड में लेबर पार्टी के नेता के रूप में जेरेमी कोर्बीन के चुनाव और अमेरिका के सिएटल में लगातार दो बार क्षमा सावंत की जीत तथा डेमोक्रेटिक पार्टी के भीतर तक सुनाई पड़ रही है। रूस भी फिर से अमेरिकी दादागिरी को चुनौती देता हुआ उठ खड़ा हुआ है। दूसरी ओर चीन लगातार दुनिया के आर्थिक पटल पर अग्रगति बनाए हुए है।

सोवियत संघ के पतन का धक्का इतना जबर्दस्त था कि एकबारगी उससे संभलने में वक्त लगा। चारों ओर पूँजीवाद की जीत का इतना तगड़ा जश्न मनाया जा रहा था और उत्तर आधुनिकता के ही प्रासंगिक दर्शन रह जाने के इतने बड़े बड़े दावे किए जा रहे थे कि अमेरिका से प्रकाशित होने वाली *'मंथली रिव्यू'* जैसी पत्रिका में भी कुछेक प्रतिबद्ध लोगों को छोड़कर किसी की रुचि महसूस नहीं होती थी। इसी कठिन दौर में एजाज अहमद की किताब *'इन थियरी'* का प्रकाशन हुआ। एजाज अहमद उर्दू साहित्य के विद्वान हैं और उत्तर आधुनिकता, उत्तर औपनिवेशिकता आदि सिद्धांतों का साहित्य से बहुत कुछ लेना देना था इसलिए वे इस सैद्धांतिक बहस में भी कूदे। ज्यादातर साहित्यिक सिद्धांतों पर केंद्रित होने के बावजूद इस किताब

में तत्कालीन बहसों में हस्तक्षेप करते हुए क्लासिकीय मार्क्सवादी नजरिया अपनाया गया था। इसके अलावे उन्होंने ग्राम्शी पर विचार करते हुए उन्हें भी शास्त्रीय मार्क्सवादी परंपरा में स्थापित करने की कोशिश की।

माहौल के बदलने का पता तब चला जब फ़्रांसिस ह्वीन लिखित और 2000 में नार्टन, न्यूयार्क द्वारा प्रकशित मार्क्स की एक जीवनी *'कार्ल मार्क्स : ए लाइफ'* पश्चिमी देशों में बहुत लोकप्रिय हुई जिसमें व्यक्ति मार्क्स को केंद्र में रखा गया था। बहरहाल किताब में मार्क्स की *'पूँजी'* को लेकर कुछ नई बातें कहने की कोशिश की गई थी। लेखक ने *'पूँजी'* को उन्नीसवीं सदी के महाकाय उपन्यासों की तरह पढ़ने की सलाह दी थी। *'पूँजी'* की जटिल शैली को लेकर लेखक का कहना था कि मार्क्स ने जिस विषय को व्याख्या के लिए चुना था वही इतना जटिल था कि विषय की जटिलता उनकी शैली में भी चली आई। लेखक के अनुसार मार्क्स का ध्यान वस्तु की बजाए उसके रूप के प्रसार के रहस्योद्घाटन पर था इसलिए नाजुक विषय को स्पष्ट करने की शैलीगत बेचैनी उनकी इस किताब में दिखाई पड़ती है।

वैसे भी मार्क्सवाद कोई ऐसा दर्शन नहीं रहा है कि महज तार्किक रूप से सच होने के आधार पर उसकी प्रासंगिकता बनी रहे। इसी बीच लातिन अमेरिकी देशों में नई शुरुआतों की खबरें आने लगीं। ब्राजील में लुला की जीत से और कुछ हुआ हो अथवा नहीं, विश्व आर्थिक मंच के समानांतर विश्व सामाजिक मंच के गठन और उसकी पहलों ने ध्यान खींचना शुरू कर दिया। अमेरिका के सिएटल में हुए प्रदर्शनों से लगा कि यह कोई तात्कालिक परिघटना नहीं है। इन चीजों को कुछ दिनों तक उत्तर आधुनिक व्याख्या के ढाँचे में समेटने की कोशिश होती रही लेकिन जल्दी ही आंदोलनकारियों और प्रतिरोध की ताकतों को मार्क्सवाद पर बात करते हुए सुना जाने लगा। ध्यान रखना होगा कि इस क्रम में मार्क्सवाद में एकदम से कोई नया तत्व नहीं जोड़ा गया बल्कि उसके कुछ ऐसे पहलुओं को उभारा गया है जो अब तक थोड़ा बहुत उपेक्षित रह गए थे। लेकिन इस दौर के मार्क्सवाद संबंधी विचार विमर्श की एक और विशेषता पर ध्यान देना जरूरी है। बीच में मार्क्सवाद का शैक्षणिक रूप बहुत ज्यादा उभारा गया था। उसके मुकाबले इस दौर में आंदोलनों से उसके जुड़ाव को सहज ही महसूस किया जा सकता है।

सभी जानते हैं कि मार्क्स और एंगेल्स के लेखन का संपादन–प्रकाशन भी आंदोलन जैसी चीज ही रही है। खुद *'कम्युनिस्ट पार्टी का घोषणापत्र'* की एक भूमिका में मार्क्स–एंगेल्स ने इसकी लोकप्रियता में उतार चढ़ाव को मजदूर आंदोलन की हालत का पैमाना कहा है। असल में मार्क्स को जिन भौतिक हालात में काम करना पड़ा वे लिखे पढ़े को अधिक सहेज कर रखने की अनुमति नहीं देते। दूसरे, जिस सामाजिक समुदाय के हित में उन्होंने लिखा वह समाज की हाशिए की ताकत था इसलिए लिखित–प्रकाशित सामग्री के संरक्षण की कोई व्यवस्था उसके पास नहीं थी। तीसरे मार्क्स ने काम बहुत ले लिया था और जिंदगी ने वक्त कम दिया। उनकी भाषा जर्मन थी जिसके जानने वाले कम थे और मार्क्स की लिखावट भी बहुत स्पष्ट नहीं होती थी। इन सबके चलते उनके लेखन के प्रकाशन का इतिहास भी मार्क्सवाद के विकास के साथ अभिन्न रूप से जुड़ा हुआ है। मार्क्स की मौत के बाद एंगेल्स ने उनके लेखन के प्रकाशन–संपादन का दायित्व ग्रहण किया। इसी जिम्मेदारी के तहत उन्होंने *'थीसिस आन फायरबाख'* और *'गोथा कार्यक्रम की आलोचना'* के अलावे *'पूँजी'* के शेष दो खंड संपादित करके प्रकाशित कराए क्योंकि उनका ध्यान इस बात की ओर था कि यह काम मार्क्स का सबसे महत्वपूर्ण काम है और इसी की उपेक्षा होने की संभावना सबसे अधिक थी।

एंगेल्स की मृत्यु के उपरांत रूस में क्रांति के बाद 'मेगा' के नाम से संपूर्ण रचनाओं को प्रकाशित करने की जिम्मेदारी 1920 के दशक में मास्को के *'मार्क्स–एंगेल्स इंस्टीच्यूट'* ने ली लेकिन इस परियोजना में काम करने वाले कुछ बुद्धिजीवियों से सोवियत सत्ता की अनबन, जर्मनी में हिटलर के उदय आदि के चलते प्रकाशन का काम रुक गया। इस परियोजना के तहत 1927 में *'हेगेल के अधिकार दर्शन की आलोचना'* तथा 1932 में *'1848 की आर्थिक और दार्शनिक पांडुलिपियां'* और *'जर्मन विचारधारा'* का प्रकाशन हो सका था। इसके बाद *'पूंजी'* की तैयारी के नोट और कुछेक अन्य अध्ययनों को मिलाकर *'ग्रुंड्रिस'* का प्रकाशन हुआ। 1928 से 1947 तक और फिर 1955 से 1966 तक दो किश्तों में सोवियत सत्ता के संरक्षण में संपूर्ण रचनाओं का प्रकाशन हुआ। 1960 के दशक में एक और 'मेगा' की योजना बनी और प्रकाशन भी 1975 से शुरू हुआ लेकिन 1989 की घटनाओं ने एक बार फिर गति पर रोक लगा दी। 1990 से इसका काम मंथर किंतु निरंतर

जारी है और लगातार दुनिया भर के अनेक विद्वान एमस्टर्डम और त्रिएर में पांडुलिपियों और किताबों के हाशिए पर लिखी गई या अलग से नोटबुक में उतारी गई समस्त सामग्री की छानबीन कर रहे हैं और उनके आधार पर लगातार प्रकाशन-समीक्षा के जरिए समूची दुनिया में मार्क्स के लेखन और चिंतन के नए पहलू सामने आ रहे हैं। इस काम में दो शर्तें शामिल हैं– (1) कि मार्क्स-एंगेल्स का लेखन क्लासिकीय लेखन माना जाएगा और उसी तरह उसका संपादन-प्रकाशन होगा। (2) कि जो भी मार्क्स-एंगेल्स के लेखन में रुचि रखता है उसे इस काम में साथ लिया जाएगा।

मार्क्स विभिन्न देशों में रहे थे– जर्मनी, फ़्रांस, बेल्जियम और इंग्लैंड। 1840 दशक के पूर्वार्ध के बाद उनका फलक कमोबेश अंतर्राष्ट्रीय रहा। उनकी पांडुलिपियों के संपादन के लिए इन देशों और भाषाओं तथा उनकी रुचि के अनेकानेक विषयों के जानकारों की जरूरत पड़ी। एक समस्या यह भी आई कि मूल सामग्री का दो तिहाई एम्सटर्डम में था तो एक तिहाई मास्को में था। संपादन का काम जर्मनी में भी होना था क्योंकि प्रकाशन इसी भाषा में होना तय था। इन सब परिस्थितियों के मद्देनजर इंटरनेशनल मार्क्स-एंगेल्स फाउंडेशन नामक संस्था का 1990 में एम्सटर्डम में गठन किया गया। इसकी एकमात्र जिम्मेदारी मेगा का प्रकाशन है। नई परिस्थितियों को देखते हुए मूल योजना पर पुनर्विचार की जरूरत पड़ी और फ़्रांस में एक अंतर्राष्ट्रीय सम्मेलन का आयोजन किया गया जिसमें विषय विशेषज्ञों के साथ ही संपादन में निष्णात लोगों ने मुक्त ढंग से विचार विमर्श किया। मूल योजना 170 खंडों में प्रकाशन की थी लेकिन अब घटाकर उसे 114 खंड तक लाया गया है। जो कुछ प्रकाशित हुआ है उसमें मार्क्स की एक ऐसी नोटबुक है जिसमें उन्होंने अपने समकालीन अर्थशास्त्रियों के लेखन से नोट लिए और उन पर टिप्पणियां दर्ज की हैं। परेश चट्टोपाध्याय ने 'ऐट द सोर्स आफ द क्रिटीक आफ पोलिटिकल इकोनामी' शीर्षक लेख में इन नोटबुकों का अध्ययन करते हुए इन्हें मार्क्स की 'बौद्धिक जीवनी' का विचित्र स्रोत कहा है। ये 1844 से लेकर 1881 तक की हैं और इनकी संख्या बीस है जिनमें से पहला प्रकाशित सेट 1844 से 1848 की नोटबुकों का है। इनमें विधिशास्त्र, इतिहास, दर्शन, ललित लेखन और राजनीतिक अर्थशास्त्र से संबंधित टीपें हैं। पहली नोटबुक के आधार पर विद्वानों ने देखने की कोशिश की है कि खुद मार्क्स के लेखन

और दूसरे लेखकों के लेखन से लिए गए इन नोटों का रिश्ता कैसा बनता है। कुछ और नोटबुकों के आधार पर यह साबित हुआ है कि गणित, विज्ञान और तकनीक संबंधी अद्यतन ज्ञान में मार्क्स की रुचि ताउम्र बनी रही थी। इस संबंध में प्रदीप बख्शी ने *'कार्ल मार्क्स' स्टडी आफ साइंस एंड टेकनालाजी'* शीर्षक से *'नेचर, सोसाइटी एंड थाट'* नाम की पत्रिका में जुलाई 1996 में लेख लिखा था। इसमें उनका कहना है कि आम तौर पर एंगेल्स की छवि प्राकृतिक विज्ञान पर लिखने वाले की और मार्क्स की छवि मानविकी से जुड़े विषयों पर लिखने वाले की रही है। दर्शन और समाजशास्त्र की दुनिया में एंगेल्स के योगदान को तो मान्यता मिली लेकिन मार्क्स का विज्ञान संबंधी लेखन/चिंतन ओझल ही रहा है। इन नोटबुकों से मार्क्स की विज्ञान में रुचि और दखल का पता चल रहा है।

चीन में भी क्लासिकीय मार्क्सवाद के अध्ययन की ओर रुझान दिखाई पड़ा है। सेंट्रल कंपाइलेशन एंड ट्रांसलेशन ब्यूरो के अध्येता यांग जिन्हाई द्वारा अगस्त 2006 में लिखे *'इंट्रोडक्शन टु मार्क्सिज्म रिसर्च इन चाइना'* शीर्षक लेख में विस्तार से इन गतिविधियों का जिक्र किया गया है। वे बताते हैं कि पहले मार्क्सवाद को तीन हिस्सों में देखा जाता था– दर्शन, राजनीतिक अर्थशास्त्र और वैज्ञानिक समाजवाद ताकि इसे पढ़ने और पढ़ाने में सुभीता हो। अब ऐसा महसूस किया जा रहा है कि इस तरह देखने से इन तीनों के बीच का संबंध स्पष्ट नहीं हो पाता। अब मार्क्स-एंगेल्स की एकल चिंतन प्रक्रिया की पहचान पर जोर दिया जा रहा है। मार्क्सवाद के स्रोतों के सवाल पर भी महसूस किया जा रहा है कि जर्मन दर्शन, ब्रिटिश राजनीतिक अर्थशास्त्र तथा फ्रांसिसी समाजवाद के अलावा इनमें आधुनिक पाश्चात्य मानववाद और प्राचीन ग्रीक दार्शनिक चिंतन को भी शामिल किया जाना चाहिए। नए समय को देखते हुए ऐतिहासिक भौतिकवाद के तहत भूमंडलीकरण के परिणामों और समाजवाद की प्रकृति पर भी विचार होना चाहिए। मूल्य का श्रम सिद्धांत, अतिरिक्त मूल्य का सिद्धांत, स्वामित्व के रूप और हरेक को काम के अनुसार देय की धारणाओं पर भी चर्चा हो रही है। चीन की कम्युनिस्ट पार्टी के सत्ताधारी पार्टी होने के नाते समाजवादी निर्माण के सवाल पर भी मार्क्स और लेनिन के लेखन को दोबारा देखकर समझने की जरूरत बढ़ रही है। इसके अलावा पूरब के पिछड़े देशों के सामाजिक विकास के बारे में मार्क्स की धारणा को

फिर से देखा परखा जा रहा है। व्यक्ति के विकास के सवाल पर मार्क्सवादी नजरिए को भी गंभीरता से समझने की कोशिश की जा रही है तथा व्यक्तिगत विकास और सामाजिक विकास के आपसी रिश्तों को परखा जा रहा है। संतुलित सामाजिक विकास खासकर व्यक्ति, समाज और प्रकृति के संतुलित विकास के बारे में एंगेल्स की किताब *'डायलेक्टिक्स आफ नेचर'* में व्यक्त धारणाओं को नई चुनौतियों के परिप्रेक्ष्य में देखा जा रहा है।

आम समझ के विपरीत चीन के अकादमिक हलकों में इन सवालों पर खुली बातचीत हो रही है। जान बेलामी फास्टर ने अपनी किताब *'मार्क्स' इकोलाजी'* पर चीनी विद्वानों की आपत्तियों का विस्तार से उत्तर देते हुए *'टुवर्ड ए ग्लोबल डायलाग आन इकोलाजी एंड मार्क्सिज्म: ए ब्रीफ रिस्पांस टु चाइनीज स्कालर्स'* शीर्षक लेख लिखा है। इसी तरह चीन में *'लेनिन्स थाट इन 21 सेंचुरी: इंटरप्रेटेशन एंड इट'स वैल्यू'* विषयक अंतर्राष्ट्रीय संगोष्ठी अक्टूबर 2012 में हुई जिसमें अनेक विद्वानों ने गंभीरता से अपनी बातें रखीं। इस गोष्ठी में जिन विषयों पर चर्चा हुई वे थे- लेनिन के चिंतन का मार्क्स से संबंध, दूसरे इंटरनेशनल का मार्क्सवाद, रूसी मार्क्सवाद, चीनी मार्क्सवाद और पश्चिमी मार्क्सवाद की परंपरा। साफ है कि इन चिंताओं और हलचलों पर चीन के हालात की छाया है यानी सत्ताधारी पार्टी होने और पूंजीवाद के इस नए दौर में उसके साथ रिश्ते और समाजवादी निर्माण जैसे मुद्दे विशेष रूप से उभर रहे हैं।

यहां तक कि वहां उठ रहे जन विक्षोभ का भी अध्ययन मार्क्सवादी सैद्धांतिकी के चौखटे में किया जा रहा है। मिंकी ली नामक अर्थशास्त्री ने *'द राइज आफ द वर्किंग क्लास एंड द फयूचर आफ द चाइनीज रेवोल्यूशन'* शीर्षक लेख में तांगहुआ स्टील कंपनी, जिलिन में निजीकरण की कोशिश के विरोध में हुई मजदूरों की भारी हड़ताल को चीन के सामाजिक जीवन में लंबे अरसे के बाद मजदूर वर्ग के नई सामाजिक-राजनीतिक शक्ति के बतौर उभार का संकेत माना है। यहां तक कि उन्होंने इसमें ऐसी समाजवादी क्रांति की संभावना देखी है जो विश्व समाजवादी क्रांति की दिशा में ले जा सकती है। इसे उन्होंने माओ द्वारा पार्टी मुख्यालय को ध्वस्त करने के आवाहन से जोड़ा है और कहा कि जब माओ ने यह आवाहन किया था तब किसान मजदूर इतने परिपक्व नहीं थे कि पूंजीवादी पुनर्स्थापना के विरोध में सीधी कार्यवाही

कर पाते। मजदूर वर्ग की वर्तमान सक्रियता को उन्होंने इसी कार्यभार की निरंतरता में समझने की कोशिश की है। खास बात यह है कि वर्तमान लहर का नेतृत्व सरकारी उपक्रमों का संगठित मजदूर वर्ग कर रहा है। उनकी मांगें तात्कालिक आर्थिक लाभ की नहीं बल्कि 'उत्पादन के साधनों के सार्वजनिक स्वामित्व' की हैं। समीर अमीन ने चीनी समाज के *'चाइना 2013'* शीर्षक एक अध्ययन में इस बात पर गंभीरता से विचार किया है कि खेती की जमीन भारत के मुकाबले कम होने और नगरीकरण की रफ़्तार अधिक होने के बावजूद भोजन की जरूरत कैसे पूरी हो रही है। इसका कारण तलाशते हुए उन्होंने क्रांति के बाद रूस में किसानों के साथ अपनाए गए रुख के मुकाबले चीनी कम्युनिस्ट पार्टी के रुख को बेहतर पाया है और उनका कहना है कि खेती के सामूहिकीकरण के लिए चीन में जबर्दस्ती नहीं की गई। इसीलिए चीन के समाजवादी विकास की विशिष्टता को वे आज की नहीं, बल्कि क्रांति के बाद की ही परिघटना बताते हैं। बहरहाल नए दौर में मार्क्सवाद के विकास की प्रक्रिया में एशियाई हस्तक्षेप का एक रूप अगर चीन की ओर से यह योजनाबद्ध प्रयास है तो एक और चीज की ओर ध्यान देना जरूरी है।

मेगा यानी मार्क्स-एंगेल्स समग्र के संपादन-प्रकाशन के लिए अध्येताओं का जो समूह गठित किया गया है उसमें जापान से भी कुछ अध्येताओं को शामिल किया गया है। याद दिलाने की जरूरत नहीं कि पश्चिमी दुनिया की हलचलों का साथ ऐतिहासिक तौर पर एशिया से जापान देता आया है चाहे मामला उद्योगीकरण का हो या हाल में उभरे वाम उभार का। पहले के दौर की याद करें तो यह बात गुत्थी की तरह नजर आती है कि चीन जैसे पिछड़े देश में सैद्धांतिक रूप से इतनी मजबूत कम्युनिस्ट पार्टी का निर्माण कैसे हो गया जिसने स्थानीय परिस्थितियों के अनुरूप मार्क्सवादी चिंतन को ढालने और लागू करने का आत्मविश्वास तभी अर्जित कर लिया था जब भारत में ब्रिटेन या रूस के बीच चुनाव आजमाया जा रहा था। चीन में कम्युनिस्ट आंदोलन और मार्क्सवाद के प्रसार का अध्ययन करने वाले लोगों ने इसमें मार्क्स-एंगेल्स के लेखन के जापानी अनुवादों और जापानी मार्क्सवादी विद्वानों के योगदान का उल्लेख किया है। इस सिलसिले में ध्यान देने की बात यह है कि जैसे भारत में उच्च शिक्षा के लिए लोग इंग्लैंड जाते थे उसी तरह चीन में उच्चतर शिक्षा हेतु जापान जाने की परंपरा रही थी। हाल में जापानी विद्वानों

के लेखन का एक संग्रह 2006 में हिरोशी उचिदा के संपादन में रटलेज से *'मार्क्स फार 21 सेंचुरी'* शीर्षक से प्रकाशित हुआ है। प्रदीप बख्शी ने प्लूटो जर्नल *'वर्ल्ड रिव्यू आफ पोलिटिकल इकोनामी'* में प्रकाशित इस किताब की समीक्षा में बताया है कि इस संग्रह में 14 लेख शामिल हैं–21 वीं सदी में मार्क्स से संबंधित दो लेख, मार्क्स अध्ययन की समकालीन समस्याओं पर पांच लेख, आधुनिक जापान में मार्क्स के अभिग्रहण पर चार लेख और अंततः मार्क्सशास्त्र पर तीन लेख। ध्यान देने की बात है कि इस समय मार्क्स के लेखन का अध्ययन मार्क्सवाद की जगह मार्क्स–अध्ययन या मार्क्सशास्त्र (मार्क्सोलाजी) के नाम से किया जा रहा है।

जापान में जारी इस प्रयास के अतिरिक्त ईरान में *'पूंजी'* के खंड एक के फारसी अनुवाद की उपयोगिता का जिक्र करना भी जरूरी है। यह अनुवाद हसन मुर्तज़ावी ने किया है जो आगा पब्लिशिंग से 2008 में छपा है। इसके पहले का फारसी अनुवाद इराज इस्कंदरी ने 1973 में किया था। नया अनुवाद छपने के एक साल के भीतर ही तीन हजार बिक गया। अनुवादक ने भूमिका में नए अनुवाद की जरूरत बताई है। पहला कारण तो वे यह बताते हैं कि तीस सालों में ईरानी समाज, फारसी भाषा और अंतर्राष्ट्रीय परिस्थिति में बहुत बदलाव आए हैं। इस्कंदरी के समय अनुवाद का मकसद ईरान में मार्क्सवादी साहित्य के भंडार की कमी को दूर करना था लेकिन इस नए दौर में इसका मकसद मूल मार्क्स के लेखन के निहितार्थ को समझना है। जिस प्रक्रिया में पूंजी की रचना हुई उसके बारे में नई जानकारियों ने इसका अर्थ बदला है। ज्ञान में बदलाव के साथ उसे व्यक्त करने वाली कोटियों में भी बदलाव आए हैं। बदलाव की इस प्रक्रिया का लेखा जोखा लेते हुए मुर्तज़ावी कहते हैं कि *1844 की आर्थिक और दार्शनिक पांडुलिपियाँ* के प्रकाशन ने पूर्ववर्ती मार्क्स और परवर्ती मार्क्स के बीच अंतर की बुनियाद हिला दी और साबित कर दिया कि हेगेलीय द्वंद्ववाद मार्क्स के न केवल शुरुआती बल्कि परवर्ती परिपक्व लेखन में भी समाया हुआ है। इसी आधार पर वे अल्थूसर द्वारा पूंजी के पहले अध्याय को छोड़कर दूसरे अध्याय से शुरू करने के सुझाव को खारिज करते हैं। दूसरा पड़ाव वे *ग्रुंड्रिस* के प्रकाशन को मानते हैं। इसके दो आयाम 'प्राक पूंजीवादी आर्थिक संरचनाएं' और 'मशीनरी' हैं जो दार्शनिक और आर्थिक चिंतन के बीच आवाजाही और उनकी समग्रता को द्योतित करते हैं। इसके बाद का महत्वपूर्ण पड़ाव मेगा का वर्तमान रूप है जिससे पूंजी के सभी

संस्करण और उनमें हुए फेरबदल उपलब्ध हो गए हैं। इसी से पता चला कि 1872-75 के फ़्रांसिसी संस्करण के कौन से हिस्से अंतिम यानी चौथे जर्मन संस्करण में छोड़ दिए गए थे। यही जर्मन संस्करण इस्कंदरी के अनुवाद का आधार रहा था। फ़्रांसिसी संस्करण की खूबी यह है कि न केवल मार्क्स ने इसे खुद जांचा-परखा और संपादित किया था बल्कि अनेक अभिव्यक्तियों को सटीक बनाने के अलावा पूंजी संचय तथा वस्तु-पूजा वाले हिस्से को विस्तारित भी किया था। वे इस संस्करण को मूल के मुकाबले अधिक सही मानते थे और एंगेल्स को जिम्मेदारी दी थी कि वे जर्मन संस्करण में इन बदलावों को शामिल कर लें लेकिन विद्वानों का कहना है कि एंगेल्स ने मूल जर्मन संस्करण को सुधारते समय कुछेक बदलाव तो किए लेकिन आजादी लेते हुए अनेक बदलाव छोड़ भी दिए। इसीलिए मुर्तज़ावी के अनुसार इस्कंदरी का अनुवाद पूंजी के अद्यतन रूप पर आधारित नहीं था। फरीदा अफरी ने इस अनुवाद की समीक्षा करते हुए बताया है कि इस अनुवाद में चौथे जर्मन संस्करण और फ़्रांसिसी संस्करण के बीच के अंतर को भी रेखांकित कर दिया गया है।

भारत के बारे में भी कुछ नई सामग्री प्रकाश में आई है। पी सी जोशी और के दामोदरन ने 1975 में मनोहर बुक सर्विस से *'मार्क्स कम्स टु इंडिया'* शीर्षक किताब प्रकाशित कराई थी जिसमें लाला हरदयाल (अंग्रेजी) और राम कृष्ण पिल्लै (मलयालम) द्वारा लिखित मार्क्स की जीवनियों को एक जगह संग्रहित किया गया था और विस्तृत भूमिका भी लिखी गई थी। भूमिका में पी सी जोशी ने प्रथम इंटरनेशनल के कागजों के हवाले से बताया है कि 1871 में कलकत्ता के कुछ क्रांतिकारियों ने मार्क्स से संपर्क किया था और प्रथम इंटरनेशनल को पत्र भी लिखा था। इस पत्र पर 15 अगस्त 1871 की जनरल कौंसिल में विचार हुआ था। विचार के बाद निर्णय हुआ कि भारतीय लोग शाखा की शुरुआत कर सकते हैं लेकिन उन्हें आत्म निर्भर होना होगा और अपने देशवासियों को ही सदस्य बनाना होगा। इसके अतिरिक्त प्रदीप बख्शी ने *'इंडियन्स आन मार्क्स एंड एंगेल्स आन इंडिया'* शीर्षक लेख में विस्तार से इस घटना के अलावा भी मार्क्स-एंगेल्स और भारत के आपसी रिश्तों की जटिलता की पड़ताल की है। उनका कहना है कि मार्क्स-एंगेल्स के लेखन में 40 बरसों में अनेक बार भारत का जिक्र आया है। अब तक जितनी बार जिक्र के बारे में हम लोग जानते हैं मेगा के प्रकाशन से उसमें इजाफा संभव है क्योंकि भारत में उनकी रुचि निरंतर बनी रही थी। भारत में उनके लेखन

के आगमन का इतिहास भी रोचक है लेकिन भारत की भाषाई विविधता को देखते हुए किसी एक आदमी के लिए इसे कर पाना असंभव है।

एशियाई मुल्कों के अलावा लैटिन अमेरिकी देशों के प्रयोग विशेष संभावनाओं का संकेत दे रहे हैं। इन प्रयोगों की विशेषता यह है कि आपाततः ये सैद्धांतिक कम व्यावहारिक ज्यादा हैं और स्थानीय परिस्थितियों के साथ अन्तःक्रिया के परिणाम हैं। ये प्रयोग क्यूबा में फिदेल कास्त्रो की क्रांति के साथ ही शुरू हो गए थे। ह्यूगो चावेज ने इन्हीं प्रयोगों को नई ऊंचाई दी। बातचीत को वर्तमान से ही शुरू करना ठीक होगा। लैटिन अमेरिकी देशों में वामपंथ के अनेक रूपों की चर्चा आम तौर पर होती है। दीपक भोजवानी ने *'लेफ्ट इन लैटिन अमेरिका ऐंड द कैरीबियन'* शीर्षक लेख में विस्तार से इन सबकी स्थिति का जायजा लिया है। सबसे पहले वे इस क्षेत्र की विविधता का वर्णन करते हैं ताकि इस राजनीतिक विविधता के कारणों को समझा जा सके। वे बताते हैं कि दक्षिण अमेरिकी महाद्वीप, पनामा से मेक्सिको तक विस्तृत मध्य अमेरिका और अनेक छोटे द्वीपों में बिखरा हुआ कैरीबियन, इस क्षेत्र के तीन हिस्से हैं। 33 देशों में कुछ लघु द्वीपीय राज्य तो कुछ ब्राजील की तरह विशाल देश हैं जिनमें नस्ली, जातीय, भाषाई, ऐतिहासिक, राजनीतिक और आर्थिक अंतर प्रचुर हैं। 1791 में अफ़्रीकी गुलामों ने फ़्रांसिसी मालिकों के विरुद्ध विद्रोह किया और 1 जनवरी 1804 को हैती इस इलाके का पहला आजाद मुल्क बना। ब्राजील को पुर्तगाली साम्राज्य से 1822 में मुक्ति मिली। स्पेन के गुलाम देशों को अपनी आजादी के लिए बहुत लड़ना पड़ा था। मेक्सिको से लेकर चिली तक बाकायदे हथियारों की ताकत पर उन्नीसवीं सदी के पूर्वार्ध में अधिकांश देशों ने आजादी अर्जित की। ये विद्रोही योद्धा स्पेनी साम्राज्य की कमजोरी जानते थे और अमेरिकी तथा फ़्रांसिसी क्रांतियों से प्रभावित थे। अंग्रेजी भाषी कैरीबियन राज्य ज्यादातर बीसवीं सदी में आजाद हुए। कुछ तो अब भी आजाद नहीं हो सके हैं।

जो देश आजाद हुए उनमें से ज्यादातर देशों ने उदार मुक्त व्यापार व्यवस्था अपनाई। बीसवीं सदी में व्यापार में घाटा होने के चलते अधिकतर देशों ने आर्थिक राष्ट्रवाद के भिन्न भिन्न रूप अपनाए। दूसरे विश्व युद्ध के बाद आयात विकल्पी उद्योगीकरण की नीति राष्ट्रवाद और कारपोरेटीकरण के घालमेल से उपजी। इससे एक हद तक त्वरित वृद्धि, ढांचागत रूपांतरण और निर्यात

विविधीकरण में मदद मिली। लेकिन 70 और 80 के दशक में विदेशी कर्ज की फांस समस्या की तरह सामने आई। एक के बाद दूसरे देश द्वारा कर्ज चुकाने में देरी होने लगी। वैश्विक वित्तीय संस्थानों ने जो हल निकाला उसे सबसे पहले 70 के दशक में चिली में लागू किया गया और उसे ही बाद में वामपंथ ने 'नव-उदारवाद' कहा। यह भूमंडलीकरण, निजीकरण और घरेलू बाजार को वैश्विक पूंजी के लिए खोल देना था। 90 के दशक के उत्तरार्ध से यह नीति भी भारी मुद्रास्फीति, महंगाई और सामाजिक असमानता का स्रोत सिद्ध होने लगी। इसी फलक पर वे वामपंथी राजनीति के विभिन्न लैटिन अमेरिकी रूपों का विश्लेषण करते हैं।

सबसे पहले तो उन्होंने पारंपरिक वामपंथ को क्यूबा के कम्युनिस्ट शासन में देखा है और बताया है कि स्वास्थ्य, शिक्षा, आवास जैसी बुनियादी सुविधाएं मुफ्त मुहैया कराने में पहले रूस का साथ रहा। उसके पतन के बाद वेनेजुएला से मदद मिली। यूरोपियन यूनियन ने अमेरिका की तरह व्यापार प्रतिबंध नहीं लगा रखा है लेकिन वह भी शासन के बदलाव के प्रयासों का समर्थन करने की नीति अपनाता है। ऐसे में क्यूबा ने न सिर्फ लैटिन अमेरिकी मुल्कों बल्कि दुनिया भर के गरीब मुल्कों में मानवीय सहायता के जरिए अपने लिए अंतर्राष्ट्रीय समर्थन अर्जित किया है। इसके बाद वे 'नव-वाम' की विभिन्न धाराओं का जिक्र करते हैं। इनमें सबसे मशहूर स्वाभाविक तौर पर वेनेजुएला के ह्यूगो चावेज हैं जिनका नारा '21वीं सदी का समाजवाद' सोवियत संघ के पतन के बाद लोकप्रिय समाजवादी गोलबंदी में मददगार साबित हुआ। इसमें ईसाइयत के सकारात्मक उपयोग का सवाल ऐसा सवाल है जिसके बारे में बात करते हुए हमें रूस की कम्युनिस्ट पार्टी के नेता गेन्नादी युगानोव का भी जिक्र करना पड़ेगा। याद दिलाने की जरूरत नहीं कि ईसाइयत को उत्पीड़ित तबकों की मुक्ति से जोड़ने वाली 'लिबरेशन थियोलाजी' का जन्म लैटिन अमेरिका में ही हुआ था। युगानोव ने 27 अक्टूबर 2012 को केंद्रीय समिति के 14वें प्लेनम के समक्ष भाषण देते हुए अन्य बातों के अलावा धर्म के प्रति पार्टी की नीति के सिलसिले में तीन सूत्र पेश किए। चर्च और राज्य के बीच साफ अलगाव; पार्टी और चर्च के बीच शांतिपूर्ण सह-अस्तित्व और आपसी सम्मान क्योंकि ये दोनों ही अनेक समान आदर्शों में यकीन करते हैं; धार्मिक मान्यताओं की स्वतंत्रता और आस्तिकों को पार्टी में शामिल करने के लिए प्रोत्साहित करना। अन्य देशों के शासन कोई नया मार्गदर्शक तत्व नहीं

अपनाते, हां उनका अमेरिकी साम्राज्यवाद विरोध, संघर्ष के इस नए दौर की कुछ खूबियों को उजागर करता है। पूंजी का वर्तमान दौर इतना आक्रामक है कि जन समुदाय के लिए कल्याणकारी कार्य भी क्रांतिकारी जैसे प्रतीत होते हैं। लेकिन शावेज केवल इतने का ही प्रतिनिधित्व नहीं करते बल्कि एक हद तक मार्क्सवादी परंपरा के भीतर आते हैं, इस बात पर जोर देने के लिए क्रिस गिल्बर्ट ने *'शावेज'स लेनिनिज्म'* शीर्षक लेख लिखा और बताया है कि शावेज का काम कई स्तरों पर लेनिन से जुड़ता है। ग्राम्शी ने लेनिन के काम को *'पूँजी'* के विरुद्ध क्रांति कहा था। ग्राम्शी के कहने का मतलब दूसरे इंटरनेशनल के नेताओं की क्रमिक बदलाव की धारणा के विरुद्ध लेनिन और उनके साथियों के महत्व पर जोर देना था। लेनिन ने बदलाव न होने की तत्कालीन सर्वानुमति के विरुद्ध क्रांति की थी। बदलाव न होने की यह धारणा न केवल पूंजीवाद के समर्थकों में व्याप्त थी बल्कि अल्थूसर जैसे पूंजीवाद के उन विरोधियों में भी व्याप्त थी जो पूंजीवादी संरचनाओं को लांघ पाने को असंभव बता रहे थे। बोल्शेविकों ने उस दौर में इतिहास को ठहरा हुआ समझने वालों की चेतना को झकझोरते हुए रूसी क्रांति को अंजाम दिया। उसी तरह शावेज ने उस दौर में विकल्प को संभव किया जब सभी लोग 'विकल्पहीनता' का राग अलाप रहे थे।

लैटिन अमेरिका में मार्क्सवाद का एक स्वायत्त और विशिष्ट रूप रहा है जिसकी जड़ें वहां की सामाजिक परिस्थितियों में रही हैं। इन परिस्थितियों में शामिल है जन समुदाय की विविधता। स्थानीय मूल निवासी, बाहर से आए औपनिवेशिक प्रभुओं के साथ आए उन देशों के नागरिक गण, गुलाम बनाकर लाए गए अफ़्रीकी- इन सबके मेल से जनसंख्या की विविधता बहुत बढ़ जाती है। इसके लिहाजन अपनाई जाने वाली नीतियों की विशेषता को हम क्यूबा के संस्कृति और शिक्षा मंत्री रहे आर्मंदो हार्ट की टिप्पणियों में देख सकते हैं जिनमें वे यूरोपीय या पश्चिमी सभ्यता के मुकाबले लैटिन अमेरिकी देशों की सांस्कृतिक समृद्धि पर जोर देते हैं और भौतिकता के मुकाबले आध्यात्मिक मूल्यवत्ता को महत्वपूर्ण बताते हैं। हाल के दिनों में इन देशों के बीसवीं सदी के मार्क्सवादियों के लेखन के प्रकाशन और वितरण पर बल दिया जाने लगा है। उसी क्रम में पेरू के मार्क्सवादी विचारक जोसे कार्लोस मारियातेगुई के लेखों और टिप्पणियों का एक संग्रह हैरी वान्डेन और मार्क बेकर ने तैयार किया जिसके भारतीय संस्करण की भूमिका बर्नार्ड डिमेलो और अल्फा शाह

ने लिखी है और भारत के लिए इस क्रांतिकारी के विचारों का महत्व समझाया है। भूमिका के लेखकों के अनुसार मारियातेगुई के विचारों से चे ग्वेरा भी प्रभावित रहे। भारत के माओवादियों के प्रसंग में इस विचारक का महत्व रेखांकित करते हुए भूमिका लेखक बताते हैं कि माओवादियों का ज्यादातर आधार आदिवासी इलाकों में है और मारियातेगुई ने भी लैटिन अमेरिकी मूल निवासियों के सवाल पर काफी विचार किया है (जिन्हें वहां की शब्दावली में 'इंडियन' कहा जाता है क्योंकि कोलम्बस इंडिया को खोजते हुए ही वहां गया था और जो मिले उन्हें इंडियन कहा गया) इसलिए उनसे सीखने की जरूरत है। बीसवीं सदी के दूसरे दशक में इस क्रांतिकारी ने तीसरे इंटरनेशनल के उस प्रस्ताव को खारिज कर दिया था जिसमें एंडीज इलाके के मूल निवासी बहुल क्षेत्र में अलग 'इंडियन रिपब्लिक' स्थापित करने का जिक्र था। उन्होंने अलग देश के निर्माण में इसका हल खोजने की जगह उन्हें ग्रामीण सर्वहारा मानकर उनकी समस्याओं पर मार्क्सवादी ढांचे में संघर्ष का रास्ता सुझाया था। राष्ट्रीयताओं से संबंधित लेनिन की धारणा का परिष्कार स्तालिन के समय खत्म हो गया था इसलिए हरेक मसले पर आत्म निर्णय के अधिकार को यांत्रिक तरीके से लागू करने के मुकाबले ठोस परिस्थिति के विश्लेषण के आधार पर सृजनात्मक तरीके से सिद्धांतों को लागू करने पर मारियातेगुई जोर देते हैं। अगर स्थानीय मूल निवासियों की समस्या पर विचार करते हुए वर्ग के पहलू की उपेक्षा होगी तो मूल निवासियों का शोषक एक ऐसा राज्य बनेगा जो विदेशी शासकों के राज्य से बेहतर न होगा। लेकिन इसका अर्थ यह नहीं कि वे स्थानीय मूल निवासियों की उपेक्षा करते हैं बल्कि इस पहलू पर जोर देने के कारण ही वे अपने समय के साथ नए समय में भी प्रासंगिक साबित हो रहे हैं।

***

इस पुस्तक का कंकाल सबसे पहले 'पहल' में प्रकाशित हुआ। उसके बाद 'बनास जन' ने इसे विशेषांक के रूप में छापा। इसके बाद फिर 'पहल', 'समकालीन जनमत', 'प्रभात खबर' के दीपावली विशेषांक में इसके हिस्से छपते रहे। इन सबको धन्यवाद। यह भी इसका अंतिम रूप नहीं है क्योंकि परिस्थिति में बदलाव के साथ निरंतर नई सामग्री प्रकाश में आ रही है। 'न उनकी हार नई है, न अपनी जीत नई'।

1

मार्क्सवाद की सदी

इस समय हमारे देश में एक चरम दक्षिणपंथी पार्टी का शासन होने से दुनिया के माहौल में जो बदलाव आ रहे हैं वे देश के परेशान बौद्धिक वातावरण को प्रभावित नहीं कर पा रहे हैं। ऊपर से हिंदी की साहित्यिक दुनिया की आत्ममुग्धता ने उसे और भी संकुचित कर दिया है। प्रगतिशील आलोचना ने अकादमिक संस्थानों के सहारे बौद्धिक दुनिया में प्रभुत्व तो कायम किया लेकिन उसकी यह शक्ति ही उसकी सीमा भी बन गई है। फेन की तरह से उठने वाले तात्कालिक उबालों का हिंदी साहित्य कुछ इस कदर आदी हो गया है कि अन्य अनुशासनों की कौन बात करे अन्य भाषाओं और देशों के साहित्य तक से संवाद टूट चुका है। देश की एकता को मजबूत करने की जिम्मेदारी हिंदी पर डाली तो गई ही, हिंदी के लेखक इस भ्रम में जीना भी पसंद करते हैं कि उनके कारण देश एक है। यह झूठा गौरव बोध समय समय पर जगा दिया जाता है तो वंचित लेखक समुदाय खुश हो लेता है, जबकि सचाई यह है कि शासक वर्ग की भाषा में औपनिवेशिक विरासत भरी हुई है।

इन भ्रमों के शिकार लोग बौद्धिक बनने की कोशिश करते हुए मार्क्सवाद के खत्म हो जाने का फतवा गाहे-बगाहे जारी करते रहते हैं। इसका प्रमाण उनके लिए रूस का पतन है। जबकि असल में रूस के पतन के कुछ ही दिनों बाद मार्क्सवाद का ऐसा उभार हुआ है कि इक्कीसवीं सदी को मार्क्सवाद के उत्थान की सदी कहना शायद अतिकथन न होगा। पिछली सदी के आखिरी दशक में रूस और पूर्वी यूरोप के समाजवादी मुल्कों में हतप्रभ कर देने वाली तेजी से बदलाव हुए और मार्क्सवाद के विरोधियों में इतना जबर्दस्त उत्साह पैदा हुआ कि उसके खात्मे की बात तो जाने दीजिए, किसी भी किस्म के बदलाव की संभावना से इनकार करते हुए इतिहास तक के अंत की घोषणा

हो गई। लेकिन जिस पूंजीवाद ने प्रतिद्वंद्विता में पूर्व समाजवादी मुल्कों को पराजित किया था, उसने जीत मिलते ही अपने आपको बदल लिया। लोकतंत्र और मानवता की रक्षा का दावा करने वाले देशों ने दुनिया भर में युद्ध की तबाही तो मचाई ही, अपने देश में भी लोकतंत्र का गला घोंट डाला। अमेरिका के प्रसंग में साम्राज्य की बातें होने लगीं और शोध इस बात पर होने लगा कि आर्थिक रूप से दास प्रथा कितना लाभदायक थी। पूंजीवाद का आदमखोर स्वरूप आज जितना प्रत्यक्ष है उतना शायद उन्नीसवीं सदी में भी न रहा होगा।

इसी माहौल में मार्क्सवाद के पक्ष में हवा बहने लगी। इस नए उभार में नानाविध काम हो रहे हैं। इनकी मात्रा और वैविध्य चकित कर देने वाले हैं। सबसे पहले यह कि सोवियत रूस के पतन ने इस समय के मार्क्सवादियों को सत्ता न होने के कारण सुविधा और शक्ति से हीन तो किया है लेकिन सत्ता के अपराधों की जवाबदेही से भी मुक्त कर दिया है। साथ ही इसने सोवियत समर्थक तथा सोवियत विरोधी का पुराना विभाजन भी समाप्त कर दिया है। यहां तक कि पूंजीवाद के नए खौफनाक हमले ने पश्चिमी मार्क्सवादियों की विरासत को भी सक्रिय कर दिया है। इसके साथ ही एक अन्य बदलाव का जिक्र भी जरूरी है। मार्क्सवाद के इतिहास पर अगर निगाह डालें तो दिखाई पड़ता है कि उन्नीसवीं सदी में अधिकतर लेखन दार्शनिक और आर्थिक सवालों को केंद्र में रखकर हुआ था। इसके मुकाबले बीसवीं सदी में सोवियत संघ और पश्चिमी देशों में ज्यादातर लेखन संस्कृति के सवालों पर विचार करते हुए किया गया। इक्कीसवीं सदी में एक बार फिर आर्थिक और राजनीतिक प्रश्न महत्त्वपूर्ण हो गए हैं।

सुविधा के लिए हम मार्क्स और उनके परिवार से जुड़े लोगों की हाल में लिखी और प्रकाशित जीवनियों से अपनी बात शुरू कर रहे हैं। ठीक सदी के मोड़ पर फ़्रांसिस ह्वीन लिखित जीवनी का प्रकाशन हुआ। लेखक का संकल्प था कि वे व्यक्ति मार्क्स पर अधिक ध्यान देंगे। इसी के चलते जीवनी में थोड़ा चटपटापन भी था लेकिन अंग्रेजी भाषी पश्चिमी दुनिया में इससे मार्क्स चर्चा में आए। इसके बाद जोनाथन स्पर्बर नामक इतिहासकार ने भी एक जीवनी लिखी जो उन्नीसवीं सदी के माहौल में अवस्थित करते हुए मार्क्स के जीवन का विश्लेषण करने की कोशिश करती है। मार्क्स की इन जीवनियों से अलग एक जीवनी मेरी गैब्रिएल ने लिखी जो मार्क्स के साथ

उनकी पत्नी जेनी पर भी ध्यान देती है। मार्क्स परिवार के अनन्य साथी और मार्क्स के वैचारिक अर्धांग फ्रेडेरिक एंगेल्स की एक जीवनी त्रिस्त्रम हंट ने लिखी जो पहले अमेरिका में फिर इंग्लैंड में अलग अलग शीर्षकों से छपी। मार्क्स की पुत्री एलिनोर की राचेल होम्स लिखित जीवनी भी इस समय चर्चा में है। इन जीवनियों का जिक्र केवल इसलिए कि किसी व्यक्ति के बारे में जिज्ञासा के पैदा होने के कारण काल विशेष में निहित होते हैं। मार्क्स में रुचि सुविधाजनक नहीं है। जिन चीजों का विरोध करने का संकल्प वर्तमान शासक दल के वैचारिक सूत्रधारों ने किया है उनमें से एक वामपंथ भी है। हिंदी में तो वैसे भी साहित्यिक पवित्रता के लिहाज से मार्क्स का नाम लेना पाप है। अकादमिक दुनिया में आज भी मार्क्सवादी होना बहुत प्रशंसित नहीं है।

किताबों के इस जिक्र में इस बात को कहना भी जरूरी है कि इस समय लिखी किताबों के अलावे अरसा पहले लिखी किताबों के या तो नए संस्करण प्रकाशित हो रहे हैं या उनका इलेक्ट्रानिक प्रकाशन हो रहा है। यह भी मार्क्सवाद की प्रासंगिकता का ही सबूत है। जीवनी के बाद ऐसी किताबों का जिक्र करना मुनासिब होगा जो मार्क्सवाद के बारे में हैं। एक किताब है– द *वर्ल्डली फिलासफर्स*। यह किताब राबर्ट हीलब्रोनेर की है। संसार के महान अर्थशास्त्रियों के बारे में लिखी इस किताब का शीर्षक बताता है कि दर्शन का सामान्य विषय पारलौकिक होता है लेकिन अर्थशास्त्र इहलौकिक दर्शन है। अर्थशास्त्र को आमतौर पर गणित समझने वाली बौद्धिकता के लिए इसे समझना मुश्किल है कि दर्शन के विद्यार्थी कार्ल मार्क्स अर्थशास्त्र की ओर क्यों गए। अर्थशास्त्र के बारे में इस किताब की समझ से यह स्पष्ट हो जाता है कि मूल रूप से दर्शन की करीबी अर्थशास्त्र से रही है। लेखक ने जब यह किताब लिखी थी तो वे ग्रेजुएट के छात्र थे। 1953 में पहली बार छपी इस किताब की लोकप्रियता का आलम यह है कि 1999 में उसका सातवां संस्करण प्रकाशित हुआ। किताब में एडम स्मिथ से शुरू करके माल्थस और डेविड रिकार्डो से होते हुए काल्पनिक समाजवादियों तथा मार्क्स, विक्टोरियाई दुनिया और अर्थशास्त्र, थोर्स्टीन वेब्लेन, कीन्स, शूमपीटर और अर्थशास्त्र के भविष्य पर विचार करने के अलावा आगे की पढ़ाई के लिए सूची भी दी गई है। 1999 में ही अनित्रा नेल्सन की किताब *मार्क्स' कांसेप्ट आफ मनी: द गाड आफ कमोडिटीज* का प्रकाशन हुआ। मार्क्स के चिंतन में अर्थशास्त्र की

प्रधानता होने से ही उनके इस पक्ष पर जोर देने वाली किताबों का लगातार प्रकाशन हो रहा है। इसका एक और कारण है। वर्तमान समय में दुनिया भर में लोगों के जीवन में जो भूचाल आया हुआ है उसे समझने के लिए लोग मार्क्स के अर्थशास्त्रीय चिंतन को अधिक कारगर महसूस कर रहे हैं। मार्क्स के चिंतन का सबसे परिपक्व परिणाम उनकी किताब *'पूंजी'* है। उनके जीवित रहते इसके पहले खंड का ही प्रकाशन हो सका था।

कार्ल मार्क्स ने इस किताब के लेखन के लिए ब्रिटिश म्यूजियम से नोट लेना शुरू किया था। वे हमेशा कहते रहते कि किताब बस खत्म ही होना चाहती है लेकिन अपने विषय पर आने वाली नवीनतम सामग्री को खंगालने में उन्हें बरसों लगे। 1865 तक लगभग 1200 पन्ने अपाठ्य हस्तलेख के रूप में एकत्र हो गए। इसे पढ़ने लायक बनाने में एक साल लगे। सोलह साल की मेहनत के बाद और वादे के दो साल बाद अप्रैल 1867 में इसे प्रकाशक के पास भेजा जा सका। कम से कम सात पत्रिकाओं में एंगेल्स ने गुमनाम समीक्षाएं लिखीं क्योंकि उन्हें लगा कि लोग इसे समझ नहीं सकेंगे। इसके बावजूद बिक्री में कोई खास उछाल नहीं आया। डेढ़ साल बाद भी छपाई की लागत नहीं निकल सकी थी। 1872 में रूसी अनुवाद से इसकी चर्चा शुरू हुई। 16 साल की बिक्री के बाद प्रकाशक ने बारह पौंड की पहली रायल्टी भेजी जिसे भुनाने के लिए मार्क्स जीवित न रहे थे। उनकी मृत्यु के बाद एंगेल्स ने 1885 में दूसरा और 1894 में तीसरा खंड प्रकाशित कराया। एंगेल्स की मृत्यु के बाद 1901 में जर्मन सोशल डेमोक्रेट पार्टी के ग्रंथालय को इसकी पांडुलिपियों को रखने का जिम्मा मिला। हिटलर के सत्ता में आने के बाद इन पांडुलिपियों को बक्सों में भरकर पानी के जहाज से विदेश भेजा गया और ये कोपेनहागन पहुंच गईं। इन्हें मास्को के मार्क्सवादी-लेनिनवादी संस्थान को बेचा गया लेकिन इसे ले आने वाले बुखारिन के दल को वापस बुला लिया गया। 1938 में अंततः एम्सटर्डम के एक संस्थान ने इन्हें लगभग साढ़े छह लाख यूरो में खरीदा। ये कागजात दूसरे विश्व युद्ध के दौरान इंग्लैंड में रहे और हैरोगेट तथा आक्सफोर्ड में सुरक्षित रहे। 1946 में इस संग्रहालय को वापस एम्सटर्डम लाया गया। लेकिन कैपिटल के पहले भाग की मूल पांडुलिपि इस युद्ध में नष्ट हो गई। पहले संस्करण की छपाई के बाद मूल पांडुलिपि प्रकाशक के पास हैम्बर्ग में थी। विश्व युद्ध में अंग्रेजी विमानों की

बमबारी और उसके बाद लगी आग में समूचे शहर के साथ यह पांडुलिपि भी खाक हो गई। मार्क्स के पास पहले संस्करण की वह प्रति थी जिसमें उन्होंने बाद के किसी संस्करण के लिए तमाम नोट, टीपें, संशोधन और विस्तार लिख रखे थे। ऐसा परिवर्धित संस्करण 1872 में प्रकाशित हुआ भी। मार्क्स-एंगेल्स के सभी कागजात को डिजिटाइज कर दिया गया है और *कैपिटल* के पहले संस्करण की मार्क्स वाली प्रति तथा *कम्युनिस्ट मेनिफेस्टो* के मसौदा पन्ने को यूनेस्को ने विश्व निधि घोषित कर दिया है।

नई सदी में उनके इस ग्रंथ के अध्ययन को इस तथ्य से समझा जा सकता है कि पिछले दिनों इसी ग्रंथ पर केंद्रित एक अंतर्राष्ट्रीय सम्मेलन एम्सटर्डम में हुआ था। संसार के सबसे प्रसिद्ध भूगोलवेत्ता डेविड हार्वे चालीस साल से इस ग्रंथ को शौकिया पढ़ाते हैं। उनकी कक्षाओं के आधार पर एक किताब तैयार की गई और वर्सों से उसका प्रकाशन हुआ। किताब का नाम है- *'ए कम्पैनियन टु मार्क्स' कैपिटल*। पहले केवल खंड एक की ही व्याख्या का प्रकाशन हुआ था लेकिन उसकी सफलता से उत्साहित होकर हाल में दूसरे खंड की व्याख्या का भी प्रकाशन किया गया। चूंकि अध्यापक खुद एक अन्य अनुशासन के हैं तथा विद्यार्थी भी विविध अनुशासनों से जुड़े थे इसलिए दोनों ही किताबें रोचक तरीके से तथा सुबोध शैली में लिखित हैं। मार्क्स की इस किताब से जुड़े शोध इतने उत्तेजक और समकालिक हैं कि लगता है मार्क्स हमारे समय के पूंजीवाद की विसंगतियों का विश्लेषण कर रहे हैं।

अर्जेंटिना निवासी स्पेनी विद्वान एनरिक डसेल की मूल तौर पर स्पेनी में लिखी किताब का अंग्रेजी अनुवाद *'टुवाड्र्स ऐन अननोन मार्क्स: ए कमेंटरी आन द मैनुस्क्रिप्ट्स 1861-63'* शीर्षक से प्रकाशित हुआ। डसेल ने मार्क्स की मूल पांडुलिपियों की छानबीन करने के बाद बताया कि मार्क्स ने *कैपिटल* का सिर्फ *'ग्रुंड्रिस'* नामक मसौदा ही नहीं बनाया था, बल्कि इस किताब के अलग अलग चार मसौदे मिलते हैं। मासाचुसेट्स के अर्थशास्त्र के प्रोफेसर फ्रेड मोसेली ने किताब के संपादक होने के नाते इसकी भूमिका लिखी है और उसमें बताया है कि 1977 में दो खंडों में रोसदोल्स्की लिखित *'द मेकिंग आफ मार्क्स' कैपिटल'* से डसेल की किताब बेहतर है क्योंकि रोसदोल्स्की की गति हेगेल के दर्शन में डसेल जितनी नहीं थी। डसेल ने अप्रकाशित पांडुलिपियों को देखने के लिए बर्लिन और एमस्टर्डम की यात्रा भी की थी।

उन्होंने इतने व्यवस्थित तरीके से इन पांडुलिपियों का विश्लेषण किया है कि यह मार्क्स की *'पूंजी'* का सर्वोत्तम पाठ सहायक बन जाती है। उनके मुताबिक पहली पांडुलिपि *'पूंजी'* के पहले खंड का दूसरा मसौदा है। इसकी शुरुआत मुद्रा के पूंजी में रूपांतरण से होती है। रूपांतरण की इस प्रक्रिया में जीवित श्रम की निर्णायक भूमिका का रेखांकन करते हुए मार्क्स इसे अतिरिक्त मूल्य समेत समस्त मूल्य के सृजन का रचनात्मक स्रोत कहते हैं। जीवित श्रम के बिना पूंजी साकार ही नहीं हो सकती। अतिरिक्त मूल्य के उत्पादन के लिए पूंजी जीवित श्रम अर्थात मजदूर की मेहनत को अंतर्भुक्त कर लेती है। जीवित श्रम पूंजी का सामना करने के पहले से दरिद्रावस्था में यानी काम करने के हालात से महरूम मौजूद होता है। लेकिन यही दरिद्र श्रमिक मूल्य और अतिरिक्त मूल्य का रचनात्मक स्रोत हो जाता है। जब इसे पूंजी में शामिल कर लिया जाता है तो यह पूंजी के लिए अतिरिक्त मूल्य का उत्पादन करने लगता है।

इस किताब में जिस *ग्रुंड्रिस* का जिक्र आया है वह भी बहुत बाद में प्रकाशित हुई। इसमें मार्क्स द्वारा *'पूंजी'* के जो मसौदे बनाए गए थे उनको संग्रहित किया गया था। मार्क्स के लेखन में बहुत कम ऐसा है जो उनके जीवन में अंतिम रूप में आ सका था। इसलिए उनके देहांत के बाद उनकी पांडुलिपियों को संपादित करके ढेर सारी किताबों की शक्ल दी गई। सोवियत संघ की मौजूदगी के दौरान ही *'1844 की आर्थिक और दार्शनिक पांडुलिपियां'* शीर्षक एक ग्रंथ तैयार किया गया जो बहुत सारे नवीन उद्‌भासों के लिए चर्चित रही। इसके अतिरिक्त *'ग्रुंड्रिस'* दूसरा ऐसा ग्रंथ है जिसे पश्चिमी दुनिया के विद्वानों ने लगातार चर्चा का विषय बनाया। इसके बारे में इटली के मशहूर मार्क्सवादी चिंतक मार्चेलो मुस्तो के संपादन में एरिक हाब्सबाम की विशेष भूमिका के साथ बहुत ही दिलचस्प किताब *'कार्ल मार्क्स' ग्रुंड्रिस : फाउंडेशनंस आफ द क्रिटिक आफ पोलिटिकल इकोनामी 150 ईयर्स लेटर'* शीर्षक से प्रकाशित हुई। किताब तीन भागों में विभक्त है। पहला भाग दुनिया के विभिन्न विद्वानों द्वारा इस किताब की व्याख्या है। व्याख्या के लिए इस किताब के प्रमुख विषयों- पद्धति, मूल्य, अलगाव, अतिरिक्त मूल्य, ऐतिहासिक भौतिकवाद, पर्यावरणिक अंतर्विरोध, समाजवाद तथा *ग्रुंड्रिस* और *पूंजी* की तुलना- का विवेचन किया गया है। दूसरा भाग *ग्रुंड्रिस* के लेखन के समय के मार्क्स पर केंद्रित है यानी

उसी समय के अन्य विषयों पर उनके लेखन और सोच विचार से इसकी तुलना की गई है। तीसरा भाग दुनिया के विभिन्न देशों में *ग्रुंड्रिस* के प्रसार और अभिग्रहण का ब्यौरा देता है। यह ब्यौरा उन भाषाओं के हिसाब से दर्ज किया गया है जिनमें समूचे *ग्रुंड्रिस* का अनुवाद हुआ है। इस भाग की तैयारी में संपादक को सबसे ज्यादा कठिनाई हुई क्योंकि सभी भाषाओं की सूचना जुटाना किसी के लिए भी लगभग असंभव है। जिन लोगों ने इस भाग के लिए लिखा उन्होंने अपनी भाषाओं में लिखा, फिर उसे अंग्रेजी में अनूदित किया गया। इस जटिलता के चलते ही संपादक ने किसी भी गलती के सुधार के लिए पाठकों से निवेदन किया है। 2006 से इस किताब का काम शुरू हुआ था और दो साल में 200 से अधिक विद्वानों, राजनीतिक कार्यकर्ताओं और पुस्तकालयाध्यक्षों की मदद से इसे पूरा किया गया।

2

मार्क्स के जीवन और विचार पर मजेदार टिप्पणी

2002 में प्रसिद्ध विद्वान और प्रिंस्टन विश्वविद्यालय में राजनीतिशास्त्र के प्रोफेसर इसाइया बर्लिन लिखित *'कार्ल मार्क्स: हिज लाइफ एंड एनवायरनमेंट'* का चौथा संस्करण प्रकाशित हुआ। इसकी भूमिका में उन्होंने बताया है कि चालीस साल पहले छपी इस किताब को तमाम दार्शनिक, आर्थिक और समाजशास्त्रीय मुद्दों पर बहस मुबाहिसे को छांटकर नये संस्करण में केवल उनकी बौद्धिक जीवनी पर केंद्रित करके मूल का आधा कर दिया गया है। तीस साल की उम्र में प्रकाशित बर्लिन की यह पहली किताब थी और इसी से विचारों के इतिहासकार के रूप में उन्हें प्रतिष्ठा मिली थी। उन्होंने जिन विचारकों के बारे में भी लिखा यह ध्यान रखा कि उनमें हमारी रुचि उनके निजी जीवन के विवरणों के चलते नहीं, उनके विचारों के चलते पैदा हुई है। मार्क्स के बारे में लिखते हुए उन्हें यह विचित्र बात महसूस हुई कि परिस्थिति को प्रभावित करने के मामले में खुद मार्क्स विचारों के मुकाबले अन्य ताकतों को अधिक महत्वपूर्ण मानते थे लेकिन उनके विचारों की ताकत उनकी ही मान्यताओं को गलत साबित करती है। दूसरे कि मार्क्स इतिहास में व्यक्ति की भूमिका को अधिक महत्व नहीं देते थे लेकिन लेनिन, स्तालिन, माओ जैसे व्यक्तियों ने विराट सामाजिक शक्तियों को गति दी। बर्लिन का यह भी कहना है कि मार्क्स पूंजीवादी व्यवस्था में व्याप्त अन्याय से जितनी नफरत करते थे उसे देखते हुए उन्हें लौह नियमों का आविष्कर्ता कहना उचित नहीं है। इसके संदर्भ में वे मार्क्स के अनुयायियों द्वारा उनके चिंतन में भौतिकवाद की मुख्यता स्थापित करने के नाम पर उनके नैतिक सरोकारों को उपेक्षित रखने की भी आलोचना करते हैं। यहां तक कि पूंजीवाद के स्वतः विनाश

की कथित भविष्यवाणी का मेल भी वे मार्क्स द्वारा स्वास्थ्य और पारिवारिक सुख की कीमत पर क्रांतिकारी लक्ष्य को हासिल करने के लिए किए गए सचेत प्रयासों के तकलीफदेह और लंबे इतिहास के साथ नहीं बिठा पाते। बर्लिन द्वारा चित्रित मार्क्स यूरोपीय ज्ञानोदय की संतान तो हैं ही ज्ञानोदय के विरुद्ध रोमांटिक विद्रोह की भी पैदावार हैं।

इस किताब का इतिहास भी मजेदार रहा है। पहली बार इसका प्रकाशन दूसरे विश्व-युद्ध से पहले हुआ था। दूसरे संस्करण के प्रकाशन के समय तक शीत-युद्ध शुरू हो चुका था। तीसरे संस्करण के प्रकाशन के समय तक रूस में ख्रश्चेव ने स्तालिन की आलोचना शुरू कर दी थी। उसी दौर में घटित हंगरी की घटना ने पश्चिमी मार्क्सवादियों को निराश किया और 'मानवीय' मार्क्स की तलाश होने लगी, 'लिबरेशन थियोलाजी' का जन्म भी इसी समय हुआ। चौथा संस्करण 1978 में प्रकाशित हुआ। तब तक तमाम ऐसे अध्ययन हो चुके थे जो एकाधिक मार्क्स की खोज पर आधारित थे और जिनके अनुसार 'युवा मार्क्स' और 'परिपक्व मार्क्स' में विभाजन किया जाना प्रस्तावित था।

1963 में बर्लिन ने स्वीकार किया था कि एक तरफ *'आर्थिक-दार्शनिक पांडुलिपियां'* के व्यापक प्रसार और दूसरी तरफ अमेरिका और पश्चिमी यूरोप की युद्धोत्तर आर्थिक समृद्धि के चलते पूंजीवाद के नाश संबंधी मार्क्स के कथन में भरोसा कुछ कम होने लगा लेकिन मनुष्य को मशीन के लिए बलिदान करने वाली, संस्कृति को नकदी में तौलने वाली और बाजार की अमानवीय तथा अमूर्त ताकतों को सारी सत्ता प्रदान करने वाली व्यवस्था के विरुद्ध उनकी नैतिक-दार्शनिक आलोचना का महत्व इससे धूमिल नहीं हुआ।

बर्लिन के मुताबिक मार्क्स न तो श्रोताओं को मुग्ध कर लेने वाले वक्ता थे और न ही घनघोर आंदोलनकारी। उनका लेखन भी उनके जीवित रहते कम ही प्रकाशित हुआ था। जीवन भर वे उतने मशहूर भी नहीं रहे। वे अपने परिवार, अपने बच्चों और अपने दोस्तों की सुरक्षित दुनिया पसंद करते थे। उनकी खूबी उनका जबर्दस्त दिमाग था। उसमें चल रहे विचारों को कागज पर उतारना उनके लिए तकलीफदेह होता था। वे ऐसे लोगों के बीच पले बढ़े थे जिनके लिए विचार तथ्यों से अधिक यथार्थ हुआ करते थे और निजी रिश्ते बाहरी दुनिया की घटनाओं से अधिक मानीखेज होते थे, जिनके लिए सार्वजनिक जीवन कभी कभी अनुभवों की निजी समृद्ध दुनिया के मायनों में समझा जाता और व्याख्यायित होता था। वे बुद्धिजीवियों की भाषणबाजी

और भावुकता से उतने ही चिढ़ते थे जितना पूंजीपतियों की बेवकूफी और आत्मतुष्टि से। ऐसे बेहूदे और शत्रुतापूर्ण माहौल में रहने से उनमें रूखापन और आक्रामकता बढ़ गई। उनका यह रुख बाहर के लोगों के प्रति ही था, परिवार या दोस्तों के बीच वे सज्जन और सौम्य थे। उनके दुश्मन भी उनके व्यक्तित्व की दृढ़ता, उनके विचारों के पैनेपन और तत्कालीन स्थितियों के मर्मभेदी विश्लेषण के कायल हो जाते थे। उनके समय के क्रांतिकारियों में वाद-विवाद बेहद तीखे होते थे लेकिन अपने समय के हालात की तीखी नैतिक आलोचना के चलते वे आपस में मिलकर काम करते थे। हालात में बुनियादी बदलाव की आकांक्षा उन्हें एकजुट रखती थी।

अपने इन सब समकालीनों से मार्क्स इस मामले में अलग थे कि उन्होंने कोई नैतिक या सामाजिक आदर्श मानव समाज पर नहीं थोपा। उन्होंने बदलाव के लिए हृदय परिवर्तन की जगह सामाजिक ताकतों के शक्ति संतुलन को समझने की अपील की। मौजूदा व्यवस्था की आलोचना के लिए किसी आदर्श का सहारा लेने की जगह उन्होंने इतिहास का सहारा लिया। भावना की बनिस्बत बुद्धि को संबोधित करने की आकांक्षा के बावजूद बर्लिन के अनुसार उनकी भाषा में घोषणा के तत्व दिखाई पड़ते हैं जो झूठ का पर्दाफाश करने और सचाई को उजागर करने के लिए अपनाई गई भाषा प्रतीत होती है। उन्होंने अपने लिए जो कार्यभार तय किया था 1845 तक उसका पहला चरण पूरा कर लिया और प्रकृति, इतिहास तथा समाज के विकास के मूल नियमों को समझ लिया था। उनका मानना था कि समाज का इतिहास व्यक्ति के सृजनात्मक श्रम के जरिए अपने आप को और बाहरी दुनिया को काबू में करने का इतिहास है। परस्पर विरोधी वर्गों के बीच संघर्ष में इस गतिविधि का पुनर्जन्म होता है जिसमें कोई एक वर्ग विजयी होकर निकलता है। एक वर्ग पर दूसरे की जीत की यह निरंतरता ही प्रगति कहलाती है। वही लोग तार्किक होंगे जो अपने समाज में उदीयमान वर्ग के साथ अपने को जोड़ेंगे। अगर जरूरत पड़ी तो अपने अतीत का त्याग करके इस वर्ग का अंग होंगे। इसी समझदारी के अनुसार अपने समय में संघर्षरत वर्गों में उदीयमान वर्ग के रूप में सर्वहारा वर्ग को पहचानने के बाद उन्होंने सारा जीवन इसकी जीत की रणनीति बनाने में लगा दिया। इतिहास की स्वाभाविक प्रक्रिया में यह विजय निश्चित है लेकिन साहस, निश्चय और ईमानदारी के चलते यह जीत निकट आएगी, बदलाव में तकलीफ कम होगी, टकराव कम होंगे और जन-हानि भी कम ही होगी।

3

दुनिया को समझने और बदलने के प्रयासों का लेखा जोखा

इसाइया बर्लिन ने जिस कारण से यह माना कि 1845 तक मार्क्स ने जिंदगी का अपना मकसद और उस तक पहुंचने का रास्ता तय कर लिया था शायद वह मार्क्स लिखित *'1844 की आर्थिक और दार्शनिक पांडुलिपियां'* शीर्षक पुस्तक है। मार्शल बेर्मान ने ज्यादातर इसी मजेदार किताब पर विचार किया है। मार्क्स की यह किताब उनके जीवन में प्रकाशित नहीं हुई थी। 1927 में सोवियत विद्वानों को इसकी पांडुलिपि मिली तब इसका प्रकाशन हुआ। मार्क्स की इस किताब के प्रकाशन के बाद से ही पूरी दुनिया को एक दूसरे तरह के मार्क्स का पता चला जिन्हें बाद के उनके लेखन के मुकाबले अधिक मानवीय माना गया। बहुत से विद्वान यह कहते हैं कि बाद में चलकर मार्क्स दुनिया को समझने में आर्थिक पहलू पर अधिक बल देने लगे थे। इसके मुकाबले उन्हें यह किताब ज्यादा कारकों की ओर ध्यान देनेवाली महसूस हुई। इसी तरह के विद्वानों में से एक मार्शल बेर्मान न्यूयार्क सिटी कालेज में राजनीतिशास्त्र के प्रोफेसर थे। खास बात यह है कि बेर्मान ने 1963 में आक्सफोर्ड में अपना शोध बर्लिन के निर्देशन में ही किया था। 1999 में वर्सो से मार्शल बेर्मान की यह किताब प्रकाशित हुई *'एडवेंचर्स इन मार्क्सिज्म'*। अपनी तरह की मजेदार यह किताब लेखक की दूसरी किताब है। पहली किताब *'आल दैट इज सोलिड मेल्ट्स इन्टु एयर: द एक्सपीरिएंस आफ माडर्निटी'* उन्होंने शहरों के समाजशास्त्र पर लिखी थी। उसके बाद यदा कदा मार्क्सवाद के बारे में संपादकों की मांग पर लिखते रहे थे लेकिन उसे किसी स्वतंत्र किताब लायक नहीं मान सके थे। बाद में दोस्तों के अनुरोध

पर अलग अलग जगहों पर प्रकाशित उन्हीं लेखों का संग्रह करके उन्होंने यह किताब तैयार की।

किताब के शुरू में उन्होंने आत्मकथात्मक सा नोट लिखा है। इसमें वे अपने पिता की पचास साल से कम उम्र में हुई मौत से बात शुरू करते हैं और बताते हैं कि मंदी के शुरुआती धक्के ने उनकी जान ले ली थी। बेर्मान के मन में हत्यारों से बदला लेने की इच्छा थी इसलिए अध्ययन का आरंभ ही उन्होंने मार्क्सवाद से किया। उनके अध्यापक ने *'1844 की आर्थिक और दार्शनिक पांडुलिपियां'* पढ़ने की सलाह दी। यहीं से उनका दुस्साहस शुरू हुआ। तब से उन्होंने दोस्तों को खुशी के किसी भी मौके पर यही किताब उपहार में देना शुरू किया। इस किताब को प्रचारित करना ही उन्हें व्यवस्था से बदला लेने का सर्वोत्तम तरीका महसूस होने लगा।

इस किताब में उन्हें मनुष्य के प्रति मार्क्स के अप्रत्याशित सरोकार के दर्शन हुए। इसमें एकाधिक बार मानव अस्मिता और श्रम की प्रक्रिया में उसका अपने आपसे अलगाव का जिक्र आता है। इस अलगाव के विपरीत मार्क्स मनुष्य की शारीरिक और मानसिक ऊर्जा के स्वतंत्र विकास, स्वतःस्फूर्त गतिविधि के आनंद, मुक्त सक्रियता की वकालत करते हैं। बुर्जुआ क्रांतियों ने जिस बाजार आधारित समाज को जन्म दिया उसमें धन ने सारी वैयक्तिकता को उलट दिया और सब कुछ को बेचने लायक बना दिया। आधुनिक पूंजीवाद ने काम को इस तरह संगठित किया है कि कामगार अपने क्रियाकलाप, अन्य कामगारों और प्रकृति से अलग हो जाता है। उसका शरीर सूली पर चढ़ जाता है और दिमाग बरबाद हो जाता है। वह अपने आपको अपने काम से बहिष्कृत अनुभव करता है। जब वह काम पर होता है तो अपने आपमें नहीं होता और जब अपने आपमें होता है तो काम पर नहीं होता। इसी के चलते उसका श्रम उसे जबरिया की मेहनत लगता है।

श्रमिक यूनियनें इसके विरोध में तो होती ही हैं, कामगार को छिनी हुई सामूहिकता की वापसी का अहसास भी कराती हैं इसलिए मार्क्स उन्हें सलाम करते हैं। असल में मार्क्स शुरू से ही लोकतंत्र के जुझारू पक्षधर थे लेकिन चारों ओर फैली हुई समस्याओं का समाधान केवल लोकतंत्र से होता हुआ दिखाई नहीं दे रहा था। वे उन महान लोगों की सांस्कृतिक परंपरा का हिस्सा थे जो आधुनिक समय में मनुष्य की गुलामी से परेशान थे लेकिन मार्क्स की

विशेषता थी कि उन्होंने इस गुलामी की संरचना को सबसे अच्छी तरह देखा और दिखाया। 1844 की पांडुलिपियों में इसे खुलकर पहचाना जा सकता है।

इन लेखों की रचना पेरिस में जेनी के साथ हनीमून के दौरान हुई थी। बेर्मान का कहना है कि इस किताब की पढ़ाई के दौरान उन्हें भी जीवन का पहला प्रेम हुआ था और वे इन पांडुलिपियों में प्रेम और यौनानंद संबंधी इंदराज खोजने लगे। उन्हें लिखा मिला कि इस संबंध (स्त्री-पुरुष संबंध) के स्तर से मनुष्य के समूचे विकास की परीक्षा की जा सकती है। स्त्री-पुरुष संबंध के मामले में मार्क्स के विचारों को उस समय के फ़्रांसिसी क्रांतिकारियों की मान्यताओं के संदर्भ में देखा जाना चाहिए। इनमें से कुछ लोग यौन स्वच्छदता को बुर्जुआ बंधनों का प्रतिरोध मानते थे। मार्क्स इस हद तक तो उनसे सहमत थे कि प्रेम में अगर प्रेमी अपने प्रेमास्पद को निजी संपत्ति की तरह समझने लगे तो इस संबंध में समस्याओं का पैदा होना लाजिमी है, लेकिन इसके विरोध में 'सार्वभौमिक वेश्यावृत्ति' को भी गलत समझते थे। उस जमाने के ऐसे कम्युनिस्टों का उन्होंने विरोध किया है जो निजी संपत्ति के आगमन से पहले की दुनिया को आदर्श समझकर उसमें लौटने की हिमायत करते थे। यौनानंद के सिलसिले में एक और बात की ओर बेर्मान ध्यान खींचते हैं। मार्क्स के अनुसार मजदूर जब कार्यस्थल पर अलगाव महसूस करता है तो उसकी भरपाई अति-भोजन, अति-पान और अति-काम क्रिया के सहारे करना चाहता है लेकिन उसकी हताशा उसे पूरी तरह से शारीरिक आनंद नहीं लेने देती क्योंकि उस पर असहनीय मानसिक दबाव रहता है।

मार्क्स मानते हैं कि मनुष्य की इंद्रियों का निर्माण समूची दुनिया के अब तक के इतिहास का फल है। लगता है कि हनीमून के आनंद में मार्क्स भविष्य के ऐसे मनुष्यों के आगमन की अपेक्षा कर रहे थे जो कम लालची होंगे, ऐंद्रिकता और जीवंतता के मामले में सहज होंगे और प्रेम को मानव विकास का महत्वपूर्ण अंग बनाने में आंतरिक तौर पर अधिक काबिल होंगे। मानवता को प्रतिनिधित्व और मुक्ति एक साथ देने में सक्षम ये 'नए' लोग कौन होंगे? इस सवाल का जवाब ही मार्क्स की नेकनामी और बदनामी की वजह है। उन्होंने 'आधुनिक मजदूर वर्ग, सर्वहारा' को अपनी इस आशा का केंद्र माना। सवाल उठता है कि मजदूर वर्ग के सदस्य कौन हैं और इस वर्ग

का लक्ष्य क्या है। इन पांडुलिपियों में सदस्यता पर तो उन्होंने विचार नहीं किया लेकिन लक्ष्य के सिलसिले में रोचक बातें कही हैं।

वे कहते हैं कि आधुनिक समाज एक ओर मनुष्य के आत्म का पाशविक हनन करता है लेकिन इसी के साथ समृद्ध मानव जीवन और समृद्ध मानव आवश्यकताओं को भी पैदा करता है। समृद्ध मानव जीवन जर्मन मानववाद से उठकर चला आया है लेकिन इन मानवतावादियों को यकीन था कि कुछ ही स्त्री-पुरुष कल्पना में सक्षम गहराई से युक्त होंगे और ज्यादातर लोग तुच्छताओं में मसरूफ होने से आत्माविहीन होंगे। मार्क्स ने इन मानववादी मूल्यों को रूसो से प्रभावित क्रांतिकारी-लोकतांत्रिक समाज दर्शन के साथ गूंथ दिया। रूसो का कहना था कि आधुनिक सभ्यता मनुष्यों को अपने आपसे अलगाती तो है लेकिन इन अलगाव में पड़े हुए व्यक्तियों को ऐसा विकास, गहनता और क्षमता प्रदान करती है जिसके आधार पर वे सामाजिक संविदा करके पूरी तरह से नए समाज का निर्माण करते हैं। मार्क्स ने भी समाज को इसी द्वंद्वात्मक तरीके से देखा। पूंजीवादी समाज मजदूरों के भीतर समग्र मानव गतिविधि के जरिए अपने आपको साकार करने की इच्छा पैदा करता है। जो समाज व्यवस्था उन्हें पीड़ित करती है वही उन्हें शिक्षित और रूपांतरित भी करती है। फ्रांसिसी मजदूरों के बारे में उन्होंने लिखा कि राजनीतिक और आर्थिक कारणों से एक जगह एकत्र हुए इन मजदूरों के लिए संगठन साधन ही नहीं साध्य भी बन गया और वे इसमें खोया हुआ समाज पा गए। मजदूर समृद्ध मानव प्राणी नहीं बनना चाहते, अन्य लोग तो उन्हें ऐसा बनते देखना भी नहीं चाहते फिर भी यह विकास उनकी नियति है, उनकी सामूहिकता की चाहत की शक्ति उन्हें विश्व ऐतिहासिक शक्ति में बदल देती है।

मार्क्स ने दो किस्म के कम्युनिज्मों की बात की है– एक जो मनुष्य और प्रकृति के बीच तथा मनुष्य और मनुष्य के बीच टकराव के वास्तविक समाधान की बात करता था और दूसरा जो निजी संपत्ति के भी पार नहीं जा सका था। बेर्मान बीसवीं सदी की ज्यादातर समाजवादी सत्ताओं को दूसरी किस्म में शामिल करते हैं। पहली किस्म को वे मार्क्सवादी मानववाद कहते हैं और इसकी निरंतरता को वे संघर्षरत मार्क्सवादी आंदोलनों में अवस्थित बताते हैं। वे अपने आदर्शवाद को पहचानते हुए वे कहते हैं कि यह मानववाद किसी भी देश के शासन में नहीं है लेकिन पूंजीवाद के वर्तमान दौर में उसकी एक

जगह है। वह हालात के जंजाल में फंसे हुए लोगों को सुकून दे सकता है। वह भरोसा दे सकता है कि सत्ता द्वारा दलित लोग भी सत्ता से लड़ने की ताकत रखते हैं, किसी त्रासदी में जीवित बचे लोग भी इतिहास को पलट सकते हैं। इससे नई पीढ़ियों को नए साहस की ऊर्जा मिलेगी, उनमें दुनिया को बदलने की चाहत संजोने की ताकत आएगी ताकि वे फंसे रहने की जगह घुलें-मिलें।

4

नव हेगेलपंथियों से मार्क्स का अलगाव

सदी के आरंभ में जोनाथन वुल्फ़ की किताब 'ह्वाई रीड मार्क्स टुडे' भी चर्चित हुई। किताब के लेखक यूनिवर्सिटी कालेज लंदन में दर्शन के प्रोफेसर थे और इसका प्रकाशन 2002 में हुआ था। भूमिका में लेखक ने बताया है कि उन्होंने जब मार्क्सवाद पर एक पाठ्यक्रम शुरू किया तो उन्हें उम्मीद नहीं थी कि कोई इसे पढ़ेगा लेकिन अचरज तब हुआ जब अनेक छात्र इसे पढ़ने के लिए आए। इस रुचि का कारण बताते हुए उन्होंने विश्व सामाजिक मंच के जुलूसों में प्रदर्शित एक बैनर का जिक्र किया है जिसमें लिखा था 'चेंज कैपिटलिज्म विथ समथिंग नाइस'। इसी इच्छा में वे मार्क्सवाद के लिए जगह देखते हैं। वे मार्क्सवाद को पूँजीवाद की मूलगामी आलोचना के बतौर समझते हैं। पुस्तक में मार्क्स के विचारों के प्रति कोई श्रद्धा नहीं है बल्कि ज्यादातर एक तरह की आलोचना ही है लेकिन किन्हीं प्रसंगों में बिना शक कुछ नई बात कहने की कोशिश की गई है।

सबसे पहले वे सवाल उठाते हैं कि इक्कीसवीं सदी में मार्क्सवाद में से कितना कुछ बचा रहेगा और उत्तर देते हैं कि हमारी कल्पना से ज्यादा ही। वे मार्क्स की एक सीमा का संकेत करते हैं जिसे हम आगे के तकरीबन सभी विचारकों में दोहराया जाता हुआ पायेंगे। वे कहते हैं कि मार्क्स के लिए प्राकृतिक संसाधन अक्षय थे इसलिए पूँजीवाद की उनकी आलोचना में हम पर्यावरण के विनाश संबंधी प्रसंग उतने नहीं देखेंगे जितने आज दिखाई पड़ते हैं। पुस्तक की सीमा के बतौर वे इस बात को भी शुरू में ही साफ कर देते हैं कि मार्क्स को उन्होंने पारंपरिक तरीके से यानी एंगेल्स की नजर से ही देखा है।

वुल्फ़ ने पुस्तक की शुरुआत मार्क्स के शुरुआती लेखन के विश्लेषण से की है। इस सिलसिले में ध्यान रखना होगा कि पूँजीवाद की आलोचना अपने जमाने में मार्क्स अकेले ही नहीं कर रहे थे। वुल्फ़ का मकसद अन्य आलोचकों के मुकाबले मार्क्स की विशेषता को उजागर करना है। वे कहते हैं कि मार्क्स को पूँजीवादी समाज मानव विरोधी नजर आता है लेकिन उन्हें लगा कि पूँजीवादी समाज में मजदूरों की बदहाली का सही विश्लेषण नहीं हो रहा है इसीलिए इसका इलाज भी नहीं खोजा जा सका है। उस समय धर्म को लेकर बहुत सारा आलोचनापरक चिंतन हो रहा था। धर्म संबंधी इस समस्त विवेचन को मार्क्स ने सामाजिक आलोचना में बदला और इसके लिए अलगाव की धारणा का उपयोग किया तथा इसके साथ श्रम के अलगाव की बात उठाई। उन्होंने यह भी माना कि उदारवादी समाज में प्राप्त अधिकारों को मजदूरों को प्रदान करने से भी उनकी समस्या का समाधान नहीं हो सकता। धर्म के सवाल से शुरू करने की वजह युवा हेगेलपंथी थे। युवा हेगेलपंथियों में मार्क्स सबसे अधिक फायरबाख के नजदीक थे। फायरबाख ने कहा कि ईश्वर ने मनुष्य को नहीं वरन मनुष्य ने ईश्वर को बनाया है। उनका कहना था कि मनुष्य ने अपने सभी गुणों का सर्वोत्तम रूप कल्पित करके उन्हें ईश्वर में निवेशित कर दिया। उनके अनुसार इसके कारण हम मानवीय गुणों को उनका उचित दाय नहीं प्रदान कर पाते। मार्क्स ने कहा कि 'धर्म की आलोचना सारतः पूरी हो चुकी' है। स्वाभाविक रूप से धर्म की आलोचना उस समय की सत्ता की आलोचना भी थी क्योंकि वह सत्ता अपने आपको धर्मसम्मत बताती थी। इसीलिए युवा हेगेलपंथियों की नास्तिकता इतनी खतरनाक मानी गई। बहरहाल मार्क्स फायरबाख के ही विश्लेषण से संतुष्ट नहीं हुए। उन्होंने सवाल उठाया कि आखिर मनुष्य ने धर्म का आविष्कार ही क्यों किया। इसका उत्तर देने के क्रम में वे इस मान्यता तक पहुँचे कि इस दुनिया की तकलीफों ने धर्म की कल्पना को जन्म दिया है इसलिए धर्म का उच्छेद उन हालात के खात्मे से जुड़ा हुआ है जिन्होंने धर्म और ईश्वर की कल्पना को पैदा किया। इसके बाद वे इस बात पर जोर देते हैं कि मार्क्स ने वास्तविक दुनिया को बदलने में मनुष्य की भूमिका को उजागर करने के लिए अपने समय की दार्शनिक धाराओं का खंडन किया। उनके अनुसार मार्क्स हाब्स से लेकर फायरबाख तक के भौतिकवाद की आलोचना इसलिए करते हैं क्योंकि वह दुनिया को बदलने में मनुष्य की भूमिका को मंजूर नहीं करता तो दूसरी ओर हेगेल में

अपनी पूर्णता को पहुँचा हुआ भाववाद भी ऐतिहासिकता को स्वीकार करने के बावजूद समस्त बदलाव को महज चिंतन के बदलाव तक सीमित कर देता है। हेगेल की तरह वे मानते हैं कि मनुष्य अपने आपको और दुनिया को सांसारिक गतिविधि के जरिए बदलता है लेकिन उनके विपरीत कहते हैं कि यह बदलाव महज चिंतन के क्षेत्र में नहीं बल्कि वास्तविक दुनिया में होता है। इस गतिविधि का एक महत्वपूर्ण पहलू उत्पादक गतिविधि या श्रम है। इसके बाद श्रम का सवाल ही उन्हें अलगाव की अमूर्त धारणा से उसके ठोस रूपों पर विचार करने की ओर ले जाता है। श्रम के अलगाव के कारण मनुष्य अपने अस्तित्व को साकार नहीं कर पाता। श्रम के अलगाव के कारण जो गतिविधि आनंद का स्रोत होनी चाहिए वही तमाम तरह की तकलीफों का स्रोत बन जाती है। मेहनत करने वाला मनुष्य काम की स्थितियों के कारण अपनी मनुष्यता को खोकर महज हाथ और पेट बनकर रह जाते हैं। श्रम माल में बदल जाता है जिसे बाजार में खरीदा और बेचा जाता है। श्रमिक का जीवन ही मानो उसके अपने लिए नहीं बल्कि धनी मानी लोगों की जरूरत के मुताबिक चलता हुआ प्रतीत होता है। मार्क्स ने श्रम के अलगाव को इस तरह प्रस्तुत किया कि पूँजीवाद के तहत मनुष्य का सार उसके अस्तित्व से जुदा हो जाता है। मार्क्स के अनुसार मनुष्य सारतः उत्पादक प्राणी होता है लेकिन पूँजीवादी व्यवस्था में उसे अमानवीय स्थितियों में मेहनत करनी पड़ती है।

इस अलगाव का पहला रूप यह है कि मनुष्य अपनी मेहनत से पैदा हुई चीज से अलग कर दिया जाता है। मार्क्स के अनुसार जिस भी वस्तु के हम दर्शन करते हैं वह मनुष्य की मेहनत के जरिए उस रूप में आई होती है। बात यह है कि संसार के ऐसा होने के बावजूद हम उसे अपनी मेहनत का ही उत्पाद स्वीकार नहीं करते। इस तरह हम अपनी ही बनाई दुनिया में अजनबी की तरह रहते हैं। ये वस्तुएँ सिर्फ पराई और रहस्यमय ही नहीं प्रतीत होतीं बल्कि हम पर राज भी करने लगती हैं। मान लीजिए हम कहते हैं 'बाजार की ताकतें' और हमारी बनाई हुई चीज होने के बावजूद हम उन्हें इस तरह समझते हैं मानो वे गुरुत्वाकर्षण की शक्ति जैसी कोई चीज हों। इस तरह बाजार हम पर शासन करने लगता है।

अलगाव का दूसरा रूप श्रम विभाजन से पैदा होता है। इसके कारण श्रमिक समूची व्यवस्था को नहीं समझ पाता और अपनी जगह पर अपना काम

यांत्रिक तरीके से करता रहता है। इसके कारण मनुष्य मशीनी तरीके से एक ही काम बार बार करता रहता है और उसकी सृजनात्मकता मारी जाती है। इसी से फिर मनुष्य प्रजाति के बतौर हमारे खास गुणों या मानवता से हमारा अलगाव होता है। मनुष्य का अपना खास गुण है सामाजिक रूप से उत्पादक गतिविधि। मार्क्स कहते हैं कि उत्पादन तो अन्य प्राणी भी करते हैं लेकिन मनुष्य स्वतंत्रता पूर्वक अपनी मर्जी के मुताबिक अनपहचाने रास्तों पर चलकर भी उत्पादन करता है। उसके द्वारा उत्पादित वस्तुओं की विविधता अपार हो सकती है लेकिन पूँजीवाद के तहत मनुष्य की यह उत्पादक आजादी मारी जाती है। मेहनत प्रसन्नता की बजाए तकलीफ बन जाती है। मनुष्य की दूसरी विशेषता उत्पादन के मामले में बड़े पैमाने का सहयोग है। इसे सामान्य रूप से हम नहीं महसूस करते लेकिन अगर दूसरे ग्रह से कोई आए तो उसे हमारे उत्पादन और उपभोग में बहुत बड़ा सहकार दिखाई पड़ेगा। हजारों तरह की चीजों को बनाकर हम समूची दुनिया में करोड़ों की संख्या में उसे इस्तेमाल करते हैं। मार्क्स का कहना है कि ये दोनों ही विशेषताएँ पूँजीवादी उत्पादन पद्धति में नष्ट हो जाती हैं और मनुष्य अपनी विशेषता खोकर अन्य प्राणियों की तरह हो जाता है। मनुष्य अपनी स्वतंत्रता का अनुभव काम करते हुए नहीं काम खत्म हो जाने के बाद करता है।

यह अलगाव दूसरे मनुष्यों से हमारे अलगाव के रूप में भी सामने आता है। हम सामाजिक जीव के रूप में अपना अस्तित्व नहीं समझते बल्कि कमाने और खर्च करने वाले प्राणी की तरह अपने आपको समझने लगते हैं। यह अलगाव यदि पहले मनुष्य पर उसके ही बनाए ईश्वर के शासन के रूप में दिखाई पड़ता था तो पूँजीवादी व्यवस्था में मुद्रा या पूँजी के शासन के रूप में दिखाई पड़ता है। पूँजी एक परदा हो जाती है जिसके पीछे हम शायद ही कभी देखते हैं। यही मानव संबंधों को निरूपित करने लगती है। पूँजीवादी समाज में लोग किसी को इसलिए प्यार नहीं करते क्योंकि वह प्यार करने लायक है बल्कि उसके धनी होने पर उससे प्यार किया जाता है। किसी के प्रति श्रद्धा भी उसके गुणों की बजाए उसके धनी होने पर उमड़ती है। जो काम दूसरों के प्रति लगाव के कारण किया जाना चाहिए उन्हें पैसा लेकर किया जाने लगता है।

इसके बाद वुल्फ़ मार्क्स के परिपक्व दर्शन की ओर मुड़ते हैं और बताते हैं कि इसमें उनके शुरुआती विचारों का विस्तार है। वे *'अर्थशास्त्र की आलोचना में योगदान'* की भूमिका के बतौर लिखी पंक्तियों को उठाते हैं और बताते हैं कि मार्क्स के अनुसार मानव इतिहास बुनियादी तौर पर मनुष्य की उत्पादक शक्ति के विकास की कहानी है। आर्थिक संरचनाओं में बदलाव भी इसी उत्पादक शक्ति के विकास में सहायक अथवा बाधक होने के आधार पर होता है। किसी आर्थिक संरचना के इस विकास में बाधक बनते ही शासक वर्ग की समाज पर पकड़ कमजोर पड़ने लगती है और सामाजिक क्रांति का दौर शुरू हो जाता है। कुल मिलाकर उक्त किताब में मार्क्स के शुरुआती चिंतन के सिलसिले में ही कुछ नई बातें कही गई हैं। उनके बाद के लेखन को व्याख्यायित करते हुए वे कोई नई बात नहीं करते।

5

युवा मार्क्स : एक अध्ययन

कैंब्रिज यूनिवर्सिटी प्रेस से एक पुस्तक शृंखला की शुरुआत हुई है– आइडियाज इन कांटेक्स्ट। इसका मकसद उन विचारकों के बारे में किताबों का लेखन/प्रकाशन है जिनके विचारों के संदर्भ वर्तमान समय में कारगर हैं। इसी योजना के तहत 2007 में आक्सफोर्ड के मेंसफील्ड कालेज में राजनीतिक सिद्धांतों के अध्यापक डेविड लियोपाल्ड ने लगभग 340 पृष्ठों की किताब लिखी है– *'द यंग कार्ल मार्क्स'*। मार्क्स के सिलसिले में युवा और परिपक्व का भेद फ्रांसिसी विद्वान लुई अल्थुसर ने किया था और उनकी इस विवादास्पद धारणा को आम तौर पर स्वीकार नहीं किया जाता, लेकिन मार्क्स के लेखन में आर्थिक निर्धारण के विरोधी उनके शुरुआती लेखन के विश्लेषण पर अधिक जोर देते हैं। लेखक ने मार्क्स के शुरुआती लेखन में अपनी रुचि का कारण इस लेखन की अनेकार्थता और अपूर्णता बताया है। मार्क्स के इस लेखन में वे सूत्र दिखाई पड़ते हैं जिनका उन्होंने आगे विकास किया। इस लेखन का धीरे धीरे आविष्कार हुआ है। शुरू में जब मार्क्स के लेखन के महत्वपूर्ण हिस्से प्रकाशित होने लगे तो इस किस्म के लेखन का या तो पता नहीं था या उसके महत्व को लेकर हिचक थी।

मार्क्स के इस किस्म के लेखन का पता न होने का सबसे बड़ा कारण यह था कि उन्होंने अपनी हस्तलिखित पांडुलिपियों को तो सुरक्षित रखा लेकिन प्रकाशित लेखन को सुरक्षित नहीं रखा। ऐसी नोटबुकों की संख्या 200 है। 1840 का दशक मार्क्स के लिए बेहद उथल पुथल भरा था। इस दशक के अंत में (1849) लंदन में बसने से पहले वे जर्मनी, फ्रांस और बेल्जियम में भटकते रहे थे। मेगा के प्रकाशन की हालिया कोशिशों के चलते लगातार सामग्री प्रकाश में आ रही है। उनके देहांत के 50 साल बाद ही शुरुआती

लेखन का पता लगना शुरू हो सका। तब तक सोवियत संघ की स्थापना हो चुकी थी इसलिए एक खास तरह का मार्क्सवाद निर्मित हो चुका था। इसके विरोध में शुरुआती लेखन की खोज और प्रकाशन का उत्साह प्रकट होता था। इस होड़ में 1844 की पांडुलिपियों के दो अलग अलग संस्करण प्रकाशित हुए।

मार्क्स के इस शुरुआती लेखन के न मिलने का एक कारण यह भी था कि *'हेगेल के अधिकार दर्शन की आलोचना'* और *'1844 की पांडुलिपियां'* जैसी किताबें प्रकाशित होने के लिए लिखी ही नहीं गई थीं। *'पवित्र परिवार'* का प्रकाशन तो हुआ था लेकिन कोई प्रति खुद मार्क्स के पास ही नहीं बची थी। 1920 में फ्रांज मेहरिंग ने एक संग्रह में सबसे पहले इसे शामिल किया। 1927 में जब डेविड रियाजानोव ने पहली बार समग्र छापने की योजना बनाई तो उपर्युक्त तीनों किताबें सामने आईं। इस बार समग्र छापने के क्रम में नोटबुकों का प्रकाशन सबसे महत्व की बात है।

लियोपाल्ड ने *'1844 की पांडुलिपियां'* के अध्ययनों के सिलसिले में मार्शल बेर्मान वाली किताब (*एडवेंचर्स इन मार्क्सिज्म*) का जिक्र किया है। उनका कहना है कि इसके बहुत पहले 1932 में जर्मन अस्तित्ववादी दार्शनिक हाइडेगर के शोध छात्र और पश्चिमी मार्क्सवाद के प्रमुख सिद्धांतकार हर्बर्ट मार्क्यूज ने इस किताब की समीक्षा लिखी थी। इस समीक्षा में उन्होंने इस किताब को मार्क्सवाद की समझ के लिहाज से क्रांतिकारी घोषित किया था। मार्क्यूज और बेर्मान के लेखन से पता चलता है कि कुछ मार्क्सवादियों के लिए यह किताब *'पूंजी'* जैसी ही महत्वपूर्ण है और समाजवाद के सोवियत संघी संस्करण के विरोध का साधन है। कुछ लोगों ने एकाधिक मार्क्स की कल्पना भी कर ली थी (युवा और परिपक्व)। पुरानी खेमेबंदियों के खात्मे के बाद लियोपाल्ड को लगता है कि अब वस्तुनिष्ठ ढंग से इस लेखन को मूल्यांकित करने का माहौल बना है।

लेकिन इसके बावजूद इस लेखन को समझने में कठिनाई कम नहीं हुई है और इसका कारण इस लेखन का प्रकार है। सबसे बड़ी कठिनाई तो मार्क्स की गद्य शैली ही है। एंगेल्स के हवाले से लेखक ने बताया है कि मार्क्स जर्मन दार्शनिक की तरह लिखते थे। उनकी भाषा में उस समय प्रचलित बौद्धिक प्रवृत्तियों की प्रधानता मिलती है। इसके अलावे जगह जगह साहित्यिक रचनाओं के टुकड़े भी आते रहते हैं। शैली के अतिरिक्त वर्णित विषय वस्तु

भी जटिल है। सामग्री भी बहुविध है। कुछ प्रकाशित चीजें हैं, कुछ प्रकाशित होने के लिए लिखित लेकिन अप्रकाशित निबंध हैं और कुछ ऐसा भी लेखन है जिसे प्रकाशित करने के इरादे से लिखा ही नहीं गया था। समस्या यह है कि इनमें से किसे कितना महत्व दिया जाए। सेंसर के कारण भी बहुत कुछ प्रकाशित न हो सका होगा, इसलिए अप्रकाशित को भी किनारे नहीं किया जा सकता। सबसे महत्वपूर्ण तो वे नोटबुकें हैं जिनका मकसद अपने ही विचारों में स्पष्टता हासिल करना था। अपने ही लिए लिखे हुए का अर्थ दूसरों के सामने बहुधा अनिश्चित होता है। फिर यह लेखन ज्यादातर वाद-विवाद के रूप में है। अक्सर मार्क्स अपनी बात दूसरों के विचारों की आलोचना की मार्फत कहते थे। जिन लोगों के विचारों की आलोचना उन्होंने की वे सभी मार्क्स के मुकाबले स्थापित और वरिष्ठ थे। मार्क्स के लेखन का यह आम तरीका था। वे अपने विचारों का विकास स्थापित विचारों के खंडन के जरिए करते थे। इसीलिए मार्क्स के विचारों की सही समझ के लिए लेखक ने हेगेल, फायरबाख और ब्रूनो बावेर के विचारों को भी विस्तार से प्रस्तुत किया है।

इसके बाद लेखक ने स्पष्ट किया है कि अपनी किताब में काल की सीमा तो उन्होंने तय की ही है, विषय वस्तु की सीमा भी निर्धारित की है। काल की सीमा मार्च 1843 से सितंबर 1845 तक का लेखन है। इसी तरह लियोपाल्ड ने शुरुआती लेखन के सभी विषयों पर विचार करने की जगह कुछेक विषयों को अपनी सुविधा के अनुसार उठाया है। इसमें से पहला विषय है आधुनिक राज्य की उत्पत्ति, उसकी प्रकृति और भविष्य में उसके खात्मे के बारे में मार्क्स का चिंतन। इस पर लिखते हुए लेखक ने राजनीति के बारे में मार्क्स के विवरणों और मानव प्रकृति संबंधी उनकी धारणा के बीच रिश्ता तलाशने की कोशिश की है।

लेखक को लगता है कि मार्क्स का नाम लेकर शासन करने वाली सत्ताओं के ढहजाने के बावजूद उनके लेखन में से अप्रत्याशित और विचारोत्तेजक कौंध उभर आती है। अपने समय के नागरिक समाज में व्यक्ति की नियति, आधुनिक राजनीतिक जीवन की उपलब्धियों और असफलताओं का उनका वर्णन तथा मनुष्य के भीतर की संभावनाओं के साकार होने का उनका अब तक अप्राप्त सपना नयी पीढ़ी के लिए आकर्षण का स्रोत है। इस दौर के लेखन में राजनीति, आधुनिकता और मानव स्वभाव के बीच घनिष्ठ संबंध

मौजूद है। शुरुआती पत्रकारीय लेखन में प्रशियाई शासन का अधिक जिक्र है लेकिन बाद के दिनों में वे आधुनिक राज्य को पुराने शासन से अलगाने लगे थे। आधुनिक राज्य के विश्लेषण के साथ ही दार्शनिक मानवशास्त्र पर भी विचार चलता रहा। बाद में वे राजनीति के साथ मानव स्वभाव की जगह अन्य समाजार्थिक तत्वों के रिश्ते पर जोर देते दिखाई पड़ते हैं।

लियोपाल्ड की कोशिश है कि मार्क्स के मशहूर उद्धरणों के दुहराव की जगह कुछ नयी जगहों को वे उद्‌भासित करें। उनका कहना है कि राज्य और राजनीति के मामले में मार्क्स की धारणाएं, जितना समझा जाता है उससे कहीं अधिक जटिल और सकारात्मक हैं। इसके लिए लेखक ने पहले हेगेल की आलोचना की मार्फत आधुनिक राज्य की उत्पत्ति संबंधी मार्क्स के विचारों को प्रस्तुत किया है। उसके बाद ब्रूनो बावेर की आलोचना के जरिए राजनीतिक मुक्ति यानी आधुनिक बुर्जुआ राज्य और राजनीति के सहारे प्राप्य तथाकथित मुक्ति की उपलब्धियों और असफलताओं का मार्क्स का विश्लेषण पेश किया गया है। मार्क्स मानते हैं कि आधुनिक राज्य में सामुदायिकता के मूल्य को मान्यता तो मिली है लेकिन यह सामुदायिकता सीमित और नागरिक समाज में मौजूद अंतर्विरोधों से भरी हुई है। नागरिक समाज में मौजूद व्यक्तिवाद राजनीतिक जीवन में राज्य के अमूर्तन को जन्म देता है। सबके कल्याण की जगह संकीर्ण और विशेष हितों की नुमाइंदगी होने लगती है। अंत में फायरबाख की आलोचना के जरिए भाविष्य में मानव संभावनाओं को साकार करने के मकसद से राज्य के खात्मे के मार्क्स के सपने का खाका खींचा गया है। इन संभावनाओं का विवरण देते हुए मार्क्स भरण पोषण, घर और संबंधों की गर्माहट, उचित पर्यावरण, शारीरिक व्यायाम, साफ सफाई, यौन संतुष्टि, मनोरंजन, संस्कृति, बौद्धिकता, कलात्मक अभिव्यक्ति और सौंदर्यात्मक परिष्कार की जरूरतों का उल्लेख करते हैं। भविष्य के राजनीतिक समुदाय के यही घटक होंगे जिनके आधार पर मनुष्य की संभावनाओं को पूरी तरह से साकार करना हो सकेगा। इस समाज से राजनीति गायब तो न होगी लेकिन अमूर्त नहीं रह जाएगी। राज्य के कामों में सभी नागरिक भाग लेंगे, उन पर विशेषज्ञों का एकाधिकार नहीं होगा।

किताब के अंत में लियोपाल्ड ने इस सवाल पर विचार करते हुए इस तथ्य को रेखांकित किया है कि भविष्य के समाज के बारे में कोई भी ठोस

बात कहने से मार्क्स ने जानबूझकर परहेज किया। कुछ लोग उनके समाजवादी समाज को यूटोपिया कहते हैं। लियोपाल्ड ने थामस मूर द्वारा प्रयुक्त इस धारणा की भाषाशास्त्रीय व्याख्या करते हुए बताया है कि इसमें नहीं के अर्थ वाला ग्रीक शब्द AU और जगह के अर्थ वाला TOPOS शामिल हैं जिसका मतलब हुआ ऐसी जगह जो है नहीं। यह उस खुशहाली भरे समाज (एक काल्पनिक द्वीप) का नाम है जो धरती पर अभी अवतरित नहीं हुआ है। लेकिन इसे असंभव कल्पना के अर्थ में नहीं समझा जाना चाहिए। जिसको साकार करने के लिए उत्साह के साथ कोशिश की जा सके ऐसे आदर्श के अर्थ में यूटोपिया को मार्क्स सकारात्मक नजरिए से देखते हैं। आधुनिक जीवन के अंतर्विरोधों और अस्वाभाविकता को उजागर करने के लिए वे फूरिए की प्रशंसा करते हैं। लेकिन इसका यह मतलब नहीं है कि वे यूटोपिया रचने वालों की आलोचना नहीं करते। काल्पनिक समाजवादियों (सेंट साइमन, फूरिए, ओवेन) के मुकाबले उनके अनुयायियों की शेखचिल्ली योजनाओं से वे अधिक चिढ़ते थे। मूल चिंतकों की समस्याओं को वे तत्कालीन अविकसित ऐतिहासिक परिस्थितियों में निहित मानते थे क्योंकि तब तक बुर्जुआ समाज को बदलने में सक्षम मजदूर वर्ग की चेतना उन्नत नहीं थी। फिर भी वे उनके लेखन का प्रचारपरक महत्व स्वीकार करते थे। वे उनके लेखन में मौजूद वर्तमान की आलोचना को उनके स्वप्निल भविष्य के वर्णन से ज्यादा मूल्यवान मानते थे।

दुनिया को बदलने का सवाल ही उनमें और यूटोपियाई चिंतकों में साझा था। इस बदलाव के लिए लोगों को प्रेरित करने के काम में मौजूदा दृष्टिकोण और हालात से ही शुरू करना वे उचित समझते थे और ऐसे समाधान नहीं प्रस्तुत करते थे जिसका इन विचारों और संदर्भों से कोई संबंध ही न हो। यूटोपियाई लोग किसी तैयारशुदा दुनिया के सहारे वर्तमान दुनिया का विरोध करते थे। मार्क्स इस काम के लिए तत्कालीन धार्मिक और राजनीतिक विचारों से संवाद की वकालत करते थे। इनके बीच का यह अंतर बहुत महत्व का था। दूसरी बात कि यूटोपियाई लोग भविष्य की दुनिया का पूर्वानुमान लगाते थे जबकि मार्क्स का जोर पुरानी दुनिया में नयी दुनिया और भविष्य की खोज पर था। नयी दुनिया कहीं और से उतरेगी नहीं, बल्कि पुरानी दुनिया में से ही निकलेगी। इसीलिए अपना राजनीतिक काम उन्होंने चलायमान संघर्षों को उनकी परिणति तक पहुंचाना समझा। मानव समाज की राजनीतिक और

सामाजिक समस्याओं का समाधान एक ऐतिहासिक प्रक्रिया में होगा। सामाजिक बदलाव की मुश्किलों को उन्होंने कभी कम करके नहीं आंका लेकिन इन मुश्किलों के दूर होने का भरोसा उन्हें हमेशा रहा। उन्हें विश्वास था कि जो जरूरी है वह पैदा होगा। भविष्य का समाज ऐसा फल है जो वर्तमान के गर्भ में पलता है। समाज के सामने उपस्थित चुनौतियों का समाधान कोई व्यक्ति नहीं खोजेगा, बल्कि ऐतिहासिक प्रक्रिया में उसके समाधान को पहचानने और उसे फलीभूत करने में मदद करेगा।

लियोपाल्ड को उम्मीद है कि हमारे समय के नागरिक समाज में व्यक्ति की जो स्थिति है, आधुनिक राजनीतिक जीवन की जो सफलताएं-असफलताएं हैं और मनुष्य की जो संभावनाएं प्रकट होने के लिए विकल हैं उनके मद्दे नजर मार्क्स के आरंभिक लेखन के अध्ययन में ढेर सारी अंतर्दृष्टियों और उद्भासों की जगह है।

6

नई सदी में द्वंद्ववाद

अमरीका में आर्थिक मंदी का न सिर्फ असर सबसे गहरा पड़ा बल्कि मार्क्सवाद संबंधी नए चिंतन के कुछ बिंदु भी वहीं से उभरे। इन कोशिशों के तहत न्यूयार्क विश्वविद्यालय के राजनीति के शिक्षक बर्तेल ओलमैन की लिखी हुई एक पुस्तक *'डांस आफ डायलेक्टिक्स: स्टेप्स इन मार्क्स' मेथड'* 2003 में यूनिवर्सिटी आफ इलिनोइस प्रेस, अर्बाना और शिकागो से प्रकाशित हुई। इसके बाद इनके और टोनी स्मिथ के संयुक्त संपादन में 2008 में पालग्रेव मैकमिलन से 'डायलेक्टिक्स फार द न्यू सेंचुरी' का प्रकाशन हुआ। सबसे पहले इस बात पर जोर देना जरूरी है कि पेशे से अध्यापक होने और मार्क्सवाद के प्रचार-प्रसार में रुचि होने के कारण ओलमैन की ये दोनों पुस्तकें अत्यंत पठनीय और भावावेग से भरी हुई हैं। खासकर दूसरी किताब तो नई सदी में उठने वाले सवालों के परिप्रेक्ष्य में मार्क्सवादी दर्शन पर गौर करती है और उसी तरह इन नवीन विषयों पर मार्क्सवाद के आधिकारिक विद्वानों (जो सिद्धांत के साथ व्यवहार से भी जुड़े हैं) के लिखे हुए सृजनात्मक लेखों को शामिल करती है।

1990 में इन्हीं की एक किताब *"मार्क्सिज्म: ऐन अनकामन इंट्रोडक्शन"* का प्रकाशन स्टर्लिंग पब्लिशिंग प्राइवेट लिमिटेड, दिल्ली ने किया था जिसकी भूमिका रणधीर सिंह ने लिखी थी। भूमिका में दी गई सूचना के मुताबिक ओलमैन के माता और पिता यूरोप से अमरीका आने वालों में थे और सचमुच के कामगार थे। इसलिए मार्क्सवाद के साथ उनका जुड़ाव बौद्धिक मात्र नहीं है। विश्वविद्यालयी अध्यापन से जुड़े होने के बावजूद ओलमैन का मजदूर आंदोलन से सक्रिय संबंध बना रहा है। इसी कारण उनकी प्रस्तुति में साधारण पाठक के लिए ग्राह्यता एक महत्वपूर्ण तत्व है। 1990 वाली यह किताब

अलग ही तरह की किताब है। इसमें अन्य चीजों के अलावा मार्क्सवाद के अध्यापन का एक आदर्श पाठ्यक्रम भी प्रस्तुत किया गया है। किताब के सबसे महत्वपूर्ण लेख में साम्यवाद के संबंध में मार्क्स-एंगेल्स के संभावित सपने का खाका खींचने की कोशिश की गई है। अन्य विद्वान इस पहलू पर मार्क्स के विचारों की चर्चा करने से बचते हैं क्योंकि स्वाभाविक रूप से मार्क्स के सामने यह कोई फौरी सवाल नहीं था। लेकिन इसके बारे में सफाई देते हुए ओलमैन कहते हैं कि अक्सर निहित स्वार्थों के चलते भी सामाजिक-ऐतिहासिक संभावनाओं को 'यूटोपिया' कहकर उन्हें असंभव स्वप्न की तरह पेश किया जाता है। वस्तुओं और ज्ञान के उत्पादन तथा कौशल में बढ़ोत्तरी के चलते अतीत के यूटोपियाओं को रोजमर्रा की चीज बना दिया है इसीलिए साम्यवादी समाज को भी संभावना मानकर उस पर बात की जा सकती है। साम्यवादी समाज के मार्क्स के खाके को खड़ा करने में ओलमैन ने पूरी तरह मार्क्स के कथनों का ही सहारा लिया है।

मार्क्स ने साम्यवादी भविष्य को दो हिस्सों में बांटा है। पहले चरण को आम तौर पर 'सर्वहारा की तानाशाही' और दूसरे को 'पूर्ण साम्यवाद' कहा गया है। पहला चरण पूंजीवादी समाज के साम्यवादी समाज में क्रांतिकारी रूपांतरण की अवधि है। इस अवधि में साम्यवादी समाज अभी अपनी ही बुनियाद पर नहीं खड़ा होता बल्कि जिस पूंजीवादी समाज के गर्भ से पैदा होता है हरेक मामले में उसके जन्म चिन्ह लिए हुए होता है। इसकी कोई निश्चित अवधि का संकेत मार्क्स ने नहीं किया है लेकिन इसकी समाप्ति के बाद क्रमशः दूसरा चरण शुरू हो जाता है। *कम्युनिस्ट घोषणापत्र* में उन्होंने पूंजीवाद को हराने के बाद मजदूर पार्टियों के लिए तुरंत करणीय दस कदम गिनाए हैं। उन्होंने माना है कि अलग अलग देशों में ये कदम भिन्न-भिन्न होंगे लेकिन विकसित देशों में आम तौर पर लागू हो सकते हैं। इन कदमों का मकसद बुर्जुआजी से सारी पूंजी छीनकर उत्पादन के सभी उपकरणों को राज्य के हाथ में केंद्रित करना और तीव्रतम संभव गति से सारी उत्पादक शक्तियों का विकास करना है। इनमें से पहला कदम जमीन पर निजी मालिकाने का खात्मा और जमीन से प्राप्त समस्त किराए को सार्वजनिक उद्देश्य में लगाना है। इसे कई बार किसान के ऊपर हमले के रूप में समझा गया है लेकिन ओलमैन के अनुसार इसका अर्थ जमीन के मालिक छोटे किसानों से नहीं

बल्कि अनुपस्थित मालिकों से है। इनके लिए तो असल में बिना डराए ऐसा माहौल तैयार करना है जिसमें वे स्वेच्छा से जमीन के समूहीकरण के लिए राजी हो जाएं। इस दौर में आय में असमानता आर्थिक आवश्यकता होने के बावजूद सामाजिक रूप से अवांछनीय रहेगी इसलिए प्रगतिमान आयकर के जरिए इसे न्यूनतम स्तर पर रखने की कोशिश की जाएगी। निजी आय में अंतर दुखद तो है लेकिन अनिवार्य है जबकि पारिवारिक आमदनी में फर्क पूरी तरह से अस्वीकार्य है इसलिए विरासत का अधिकार खत्म करना होगा। व्यक्ति का उसी कमाई पर अधिकार होगा जो वह खुद कमाएगा। प्रतिक्रांतिकारी बुर्जुआ समुदाय का सबसे बड़ा दंड उसकी संपत्ति को जब्त करना होगा। कर्ज केवल राज्य ही दे सकेगा जिससे अर्थतंत्र को निर्देशित करने की ताकत चंद धन्नासेठों के हाथ में न रह जाए। असल में कर्ज को नियंत्रित करने के जरिए अर्थतंत्र को दिशा देने की आशा अपने आपमें प्रत्यक्ष दंड पर कम जोर देने की मांग है। संचार और परिवहन का राज्य के हाथ में केंद्रीकरण भी सामाजिक जरूरत के मुताबिक इन्हें ढालने की कोशिश के लिए जरूरी है। खेती और उद्योग का नियोजित विकास ही प्रकृति से सहयोगमूलक दोहन का रास्ता तैयार करेगा। काम न करने के विशेषाधिकार को खत्म करना श्रम के प्रति भेदभावपरक नजरिए के खात्मे के लिए जरूरी है। मानसिक और शारीरिक श्रम के बीच भेदभावपरक अंतर की तरह ही मार्क्स की निगाह में खेती और उद्योग तथा शहर और देहात के बीच अंतर को खत्म करना भी नए राज्य का प्रमुख दायित्व होना चाहिए। सभी बच्चों के लिए मुफ्त शिक्षा, कारखाने से बाल श्रम का खात्मा और शिक्षा के साथ उत्पादक श्रम को जोड़ना बच्चे के सर्वांगीण विकास के लिए आवश्यक है। संक्रमण के इस दौर में राज्य का चरित्र 'सर्वहारा की डिक्टेटरशिप' होगा। इस शब्द को लेकर तकरीबन हरेक लेखक को सफाई देनी पड़ी है। ओलमैन का कहना है कि डिक्टेटर का अर्थ मार्क्स के लिए प्राचीन रोम में प्रयुक्त अर्थ था जिसका मतलब संकट के समय सीमित अवधि के लिए खास कार्यभार के लिए डिक्टेटर चुनने का सांविधानिक प्रावधान था। असल में ब्लांकी द्वारा आगामी मजदूर राज्य के संगठन के सिलसिले में प्रस्तुत अभिजातवादी विचार के विरोध में मार्क्स ने इस धारणा का इस्तेमाल किया था जिसका अर्थ खेत मजदूर समेत समस्त मजदूर वर्ग का लोकतांत्रिक शासन है। शासन की इस पद्धति को संक्रमण के समय तक ही सीमित रहना था। इसके बाद वे पेरिस कम्यून को मार्क्स द्वारा

सर्वहारा की तानाशाही का आदर्श मानने और पेरिस कम्यून के लोकतांत्रिक स्वरूप की चर्चा करते हैं। पेरिस कम्यून में सभी अधिकारियों के चुनाव के प्रावधान के सिलसिले में एक सवाल उठता है कि जनता सही लोगों का चुनाव करेगी इसकी क्या गारंटी है। मार्क्स को लगा कि अगर पूंजीवादी ब्रेन वाशिंग न हो तो लोकप्रिय नियंत्रण जनता के हितों के प्रतिनिधित्व की गारंटी कर सकेगा। चलिए, लोग तो सही आदमी का चुनाव करेंगे लेकिन चुने हुए लोगों के सही बने रहने का रास्ता क्या होगा। बाकुनिन की किताब 'स्टेट ऐंड अनार्किज्म' पर लिखी टिप्पणियों से प्रतीत होता है कि मार्क्स को यकीन था कि सरकार के लोगों के हित उन वर्गों के ज्यादा विरोध में नहीं होते जिन वर्गों से वे आते हैं। यानी सर्वहारा प्रतिनिधि मजदूर वर्ग का प्रतिनिधित्व करेंगे और अगर कोई गड़बड़ी करेंगे तो प्रतिनिधि वापसी के जरिए उन्हें दुरुस्त किया जाएगा। यह भी लगता है कि मार्क्स की निगाह में एक देश में साम्यवाद नहीं आना था, दुनिया के पैमाने पर पूंजीवाद की तरह उसकी मौजूदगी ही उसे आत्मनिर्भर व्यवस्था बना सकेगी। जिस तरह नए समाज के राजनीतिक रूप का मार्क्स का विवरण सामान्य और अपूर्ण है उसी तरह उसके आर्थिक जीवन का भी विवरण अधूरा ही है। कारखानों में क्रांति के फलस्वरूप काम के हालात में सुधार होगा। काम को सबसे पहले सहनीय, फिर रुचिकर और अंततः मानवीय बनाना इन सुधारों का लक्ष्य होगा। काम के घंटे कम करना यानी अवकाश को मूल्यवान समझना होगा। उत्पादन के क्षेत्र में भी योजना का महत्व मार्क्स समझते हैं और साम्यवादी योजना का मकसद सामाजिक जरूरतों की संतुष्टि बताते हैं। किसी वस्तु का कितना उत्पादन होगा इसका फैसला योजना बनाने वाले सामाजिक जरूरत, उपलब्ध श्रम काल और उत्पादन के साधनों के मद्दे नजर करेंगे। इस दौर में वितरण के सवाल पर मार्क्स कहते हैं कि सामाजिक उत्पाद में से व्यक्तियों को उनका हिस्सा देने से पहले समाज उत्पादन के प्रयुक्त साधनों की जगह नए साधनों की कीमत, उत्पादन के विस्तार के लिए अतिरिक्त हिस्सा तथा दुर्घटना, प्राकृतिक आपदा आदि की स्थिति में चुकाई जाने वाली रकम इत्यादि की कटौती कर लेगा। ये कटौतियां पूंजीवाद के मुकाबले ज्यादा होंगी। इसके बाद भी उत्पादनेतर प्रशासन की लागत (इसमें नए समाज के विकास के साथ ही कमी आएगी), स्कूल या स्वास्थ्य जैसी सामान्य जरूरतों की आपूर्ति और अक्षम लोगों के लिए राहत के लिए कटौती होगी। प्रशासन की लागत में कमी आने की आशा से लगता

है कि प्रशासन की जरूरत लंबे दिनों के लिए मार्क्स भी महसूस करते थे। इतनी सारी कटौतियों के बावजूद मजदूर को जितना मिलेगा वह पूंजीवादी व्यवस्था के तहत प्राप्त आमदनी से ज्यादा होगा क्योंकि पूंजीवादी व्यवस्था में पूंजिपतियों, जमींदारों, फौजी अफसरों, नौकरशाहों और विभिन्न उद्यमों में जाने वाला धन कामगारों के बीच वितरित होगा। कल्याणकारी राहत इसके अतिरिक्त प्राप्त होगी। इस दौर में लोगों को वही प्राप्त होगा जो वे समाज को देंगे। इसकी गणना श्रम-काल में होगी। इस दौर में मुद्रा की बजाए मार्क्स के शब्दों में 'सर्टिफिकेट' और 'वाउचरों' का इस्तेमाल होगा। उनके अनुसार ये वाउचर मुद्रा नहीं हैं क्योंकि उनका परिचालन नहीं होगा। इस तरह मजूरी के नकद भुगतान की ताकत और चलन के खात्मे से मुद्रा प्रणाली को समाप्त किया जाएगा। श्रम-काल का यह मानक सिर्फ इस अर्थ में समान होगा कि गणना का आधार समाज को प्रदत्त श्रम होगा लेकिन श्रम की अवधि और सघनता के मामले में तो असमान ही होगा।

साम्यवाद के प्रथम चरण की समाप्ति के साथ ही साम्यवाद का दूसरा चरण क्रमशः प्रकट होगा। इसमें पूंजीवाद के अवशेष लोगों की मानसिकता के साथ ही उनके आचरण से भी समाप्त हो गए होंगे इसलिए सर्वहारा डिक्टेटरशिप की जरूरत नहीं रह जाएगी। पूंजीवाद द्वारा छोड़ी गई तथा प्रथम चरण में कई गुना बढ़ाई गई समृद्धि के चलते यह समय सामग्री वस्तुओं की प्रचुरता का समय होगा। बंजर जमीन में खेती शुरू हो गई होगी। कारखानों में काम करना सुखद हो गया होगा। शिक्षा के पुनर्गठन के चलते सबको कारखाने और कक्षा में प्रशिक्षण दिया जा रहा होगा। यह सब साम्यवाद की बुनियाद बनेगा। तो साम्यवाद कैसा होगा ? इस विषय को ओलमैन 6 बिंदुओं के रूप में प्रस्तुत करते हैं– (1) श्रम विभाजन खत्म हो गया होगा इसलिए जो जिस भी काम को जरूरी समझेगा उसे करने में सक्षम होगा। (2) काम, उपभोग, और अवकाश के वक्त दूसरों के साथ और दूसरों के लिए काम व्यक्ति के जीवन का ज्यादातर हिस्सा होगा। (3) जमीन से लेकर समुद्र और भोजन तक सब कुछ सामाजिक स्वामित्व के मातहत होगा। (4) समूची दुनिया मनुष्य के मकसद के लिए सचेत तौर पर उत्पादित वस्तुओं से बनी होगी। प्राकृतिक शक्तियों के ज्ञान और उन पर नियंत्रण के जरिए मनुष्य अपने भाग्य का निर्धारण खुद ही करेगा। (5) लोगों की गतिविधियों को संगठित करने के

लिए बाहरी ताकत की जरूरत नहीं होगी। (6) राष्ट्र, नस्ल, धर्म, रिहायश, पेशा, वर्ग और परिवार पर आधारित सभी मानव विभाजन खत्म हो जाएंगे। ओलमैन के मुताबिक ये सभी अलग अलग खंड नहीं बल्कि अखंड समग्र का निर्माण करते हैं अर्थात ऐसा नहीं कि इनके प्रकटीकरण में कोई पूर्वापर क्रम होगा बल्कि ये एक ही साथ सामने आएंगे और तभी सच्चे वर्गविहीन, शोषणमुक्त साम्यवादी समाज का जन्म होगा जिसमें अलगाव का पूरी तरह से खात्मा हो जाएगा और मनुष्य को उसका मानवीय सार हासिल हो जाएगा। इसी तरह मनुष्य का समाजीकरण और समाज का मानवीकरण होगा। मार्क्स की पूंजीवाद की व्याख्या और उसके विश्लेषण का असली उद्देश्य उसके इसी वैपरीत्य की प्रस्तुति है। अंत में ओलमैन तीन बातों को दिशा निर्देश की तरह कहते हैं– (1) पूंजीवाद की धारणा सामाजिक संबंधों के अर्थ में बनानी होगी। (2) आज के पूंजीवाद की मार्क्सवादी व्याख्या को उन्नीसवीं सदी के उत्तरार्ध के पूंजीवाद के मार्क्स के विश्लेषण से मिलाना होगा। (3) साम्यवाद को अनिवार्य नहीं बल्कि वर्तमान के विकास की अंतर्निहित स्थितियों पर आधारित संभावना के बतौर पेश करना होगा। वैसे भी साम्यवाद का विरोध उसे असंभव आदर्श कहकर ही किया जाता है। साम्यवाद को पूंजीवाद का संभावित वारिस साबित करके उसे साकार करने में मदद करने के लिए लोगों को समझाया जा सकता है।

7

मार्क्सवाद और समाजवाद

रणधीर सिंह की एक वृहदाकार (तकरीबन 1100 पृष्ठों की) महत्वपूर्ण पुस्तक *'क्राइसिस आफ सोशलिज्म'* छपी जिसे 2006 में अजंता बुक्स इंटरनेशनल द्वारा छापा गया था। इस पुस्तक में एक प्रतिबद्ध मार्क्सवादी द्वारा समाजवाद में संकट की बजाए समाजवाद के संकट पर विचार किया गया था। भूमिका में लेखक ने स्वीकार किया है कि इस पुस्तक को एक दशक पहले ही प्रकाशित हो जाना चाहिए था क्योंकि तब इस विषय पर बहस चल रही थी लेकिन उस समय भी लेखक ने छिटपुट लेखों के जरिए वे बातें प्रस्तुत की थीं जो इसमें विस्तार से दर्ज की गई हैं। पुस्तक के लिखने में हुई देरी की वजह बताते हुए उन्होंने लिखा है कि उन्हें आशा थी कि कोई न कोई इस काम को ज्यादा तरतीब से करेगा और उनकी उम्मीद पूरी हुई क्योंकि इसी बीच इस्तवान मेजारोस की किताब *'बीयांड कैपिटल–टुवाड्र्स ए थियरी आफ ट्रांजीशन'* प्रकाशित हुई जिससे उन्होंने काफी मदद ली। लेकिन यह रणधीर सिंह की विनम्रता है क्योंकि उनकी किताब का स्वतंत्र महत्व है।

पुस्तक के शीर्षक से ही स्पष्ट है कि इसमें समाजवादी निर्माण की समस्याओं पर मार्क्सवादी नजरिए से बात की गई है। इस बात पर जोर देना इसलिए भी जरूरी है क्योंकि मार्क्सवाद के प्रति सहानुभूति जताने वाले ऐसे भी लोग पैदा हो गए हैं जो किसी स्वप्निल मार्क्सवाद की रचना करके समाजवादी निर्माण के सभी प्रयासों को मार्क्सवाद से विचलन साबित करने लगते हैं। किताब में बल्कि इस तरह के प्रयासों का खंडन ही किया गया है शायद इसीलिए इसका उपशीर्षक *'नोट्स इन डिफेंस आफ ए कमिटमेंट'* है यानी किताब एक प्रतिबद्धता के पक्ष में लिखी गई है। वैसे तो किताब सोवियत संघ के पतन के शुरुआती प्रभाव के विवेचन से शुरू होती है लेकिन इस

किताब का दूसरा अध्याय 'आफ मार्क्सिज्म आफ कार्ल मार्क्स' पहले ही एक पुस्तिका के रूप में छपा था इसलिए सबसे पहले उसके बारे में बताना ठीक होगा। रणधीर सिंह अपनी बात यहाँ से शुरू करते हैं कि सोवियत संघ के पतन को मार्क्सवादी सिद्धांत के एक विशिष्ट व्यवहार की असफलता के बतौर देखा और समझा जाना चाहिए न कि इसे समाजवाद और पूँजीवाद के बीच जारी जंग का अंतिम समाधान मान लेना चाहिए। इस बात पर लेखक ने इसलिए भी जोर दिया है क्योंकि रोज रोज सोवियत संघ के पतन को समाजवाद या मार्क्सवाद की असफलता बताने के प्रचार के चलते क्रांतिकारी कार्यकर्ताओं और बुद्धिजीवियों में भ्रम और संदेह फैलता है। यहाँ तक कि जो लोग इसे सिद्धांत के बतौर कारगर मानते थे वे भी सामाजिक प्रोजेक्ट के बतौर इसका कोई भविष्य स्वीकार नहीं करते और सिद्धांत तथा व्यवहार के बीच वे ऐसी फाँक पैदा करने की कोशिश करने लगे जैसी फाँक मार्क्सवाद में कभी थी ही नहीं।

पुस्तक का मुख्य विषय न होने के बावजूद लेखक को मार्क्सवाद पर विचार करना पड़ा। वे जोर देते हैं कि मार्क्स ने अन्य दार्शनिकों की तरह चिंतन का कोई अंतिम ढाँचा नहीं निर्मित किया क्योंकि वे दार्शनिक या समाजशास्त्री होने की बजाए क्रांतिकारी थे। उनका सैद्धांतिक काम एक असमाप्त प्रोजेक्ट है। अन्य विषयों (हेगेल के दर्शन, राजनीतिशास्त्र या राज्य, द्वंद्ववाद या पद्धति) पर प्रस्तावित काम की तो बात ही छोड़िए, खुद अर्थशास्त्र संबंधी काम में भी काफी कुछ बकाया रह गया था जिसे कुछ हद तक एंगेल्स ने निपटाया। रणधीर सिंह के मुताबिक इसके कारण भी मार्क्सवाद की ऐसी समझ बनती है मानो वह समाज को केवल आर्थिक नजरिए से देखता हो। यहाँ तक कि मार्क्स के लेखन में सब कुछ एक ही तरह से महत्वपूर्ण नहीं है। उन्हें बहुत सारा लेखन तात्कालिक दबाव में भी करना पड़ा था इसलिए उनके गंभीर काम को अलग से पहचानना चाहिए। उनके चिंतन में विकास भी हुआ है इसलिए शुरुआती और बाद के कामों का महत्व एक जैसा ही नहीं है। वे कहते हैं कि मार्क्स के चिंतन में अर्थशास्त्र से ज्यादा महत्वपूर्ण राजनीति है। आर्थिक ढाँचे का विश्लेषण तो वे व्यवस्था के उस आधार को समझने के लिए करते हैं जिसे क्रांतिकारी राजनीतिक व्यवहार के जरिए बदला जाना है। आर्थिक पहलू पर मार्क्स के जोर को हेगेल के भाववादी दर्शन के विरुद्ध

उनके संघर्ष के परिप्रेक्ष्य में भी देखा जाना चाहिए। मार्क्स ने खुद ही अपनी सीमाओं को रेखांकित किया है। उनका लेखन उन्नीसवीं सदी में और दुनिया के एक छोटे से कोने- यूरोप में हुआ। रूस के एक संपादक को लिखी चिट्ठी में उन्होंने स्वीकार किया कि "'*पूँजी*' पश्चिमी यूरोप में पूँजीवाद की उत्पत्ति की मेरे द्वारा प्रस्तुत रूपरेखा है।" वुल्फ़ ने जिस तरह पर्यावरणीय पहलू पर मार्क्स की कमी का संकेत किया था उसी तरह रणधीर सिंह ने भी उसे रेखांकित किया है लेकिन उनका कहना है कि इन सबके बावजूद एक भरपूर मार्क्सवादी सिद्धांत के बारे में सोचा जा सकता है।

इस नाते रणधीर सिंह मार्क्सवाद के बुनियादी सिद्धांतों को सूत्रबद्ध करते हुए कहते हैं कि भौतिकवाद और द्वंद्ववाद को जिस तरह मार्क्स और एंगेल्स ने समझाया उसे 'आधिकारिक', 'द्वंद्वात्मक भौतिकवाद' से अलग करके देखना होगा। इसके अनुसार यह दुनिया विकासमान और परिवर्तनशील संदर्भों, संबंधों, अंतर्विरोधों और प्रक्रियाओं का जटिल, बहुस्तरीय समुच्चय है जो अंतर्विरोधों और टकरावों, अनेक बार अक्सर अंतर्विरोधी घटकों की अंत:क्रिया और आपसी निर्भरता के जरिए विकसित होती है। दुनिया के विकास की इस तस्वीर में न सिर्फ परिमाणात्मक बदलाव बल्कि गुणात्मक छलांगें, रूपांतरण और प्रतिरूपांतरण भी समाहित हो जाते हैं जिनमें यथार्थ संरक्षित रहता है और उसे अतिक्रमित भी किया जाता है। मार्क्स का दर्शन पूँजीवाद के यथार्थ को इस तरह विश्लेषित करता है कि वह हमें उसके आगे समाजवाद की ओर जाने की राह दिखाता है। मार्क्स की किताब '*पूँजी*' उनकी पद्धति के प्रयोग का सबसे बेतरीन नमूना है। इसमें वे आभास से यथार्थ की ओर, रूप से अंतर्वस्तु की ओर, तात्कालिक बाहरी रिश्तों से गहरे अंदरूनी अंतर्संबंधों की ओर जाते हैं और पूँजीवाद की छिपी हुई संरचना और आंतरिक मनोविज्ञान की खोज करते हैं ताकि उसकी उत्पत्ति और कार्यपद्धति की व्याख्या की जा सके। उनकी पद्धति की प्रामाणिकता इसी बात से सिद्ध है कि उनकी व्याख्या अब भी वैध बनी हुई है।

ऐतिहासिक भौतिकवाद की व्याख्या करते हुए रणधीर सिंह बताते हैं कि 'उत्पादन पद्धति को महज व्यक्तियों के भौतिक अस्तित्व के पुनरुत्पादन के बतौर नहीं समझा जाना चाहिए। इसकी बजाए वह उनके जीवन की अभिव्यक्ति का निश्चित रूप, उनकी खास तरह की जीवन पद्धति है।' मार्क्स उत्पादन

के सामाजिक संबंधों को 'आधार' मानते हैं और इस तरह ऐतिहासिक प्रक्रिया में वर्ग संघर्ष की केंद्रीयता की प्रस्तावना कर देते हैं। 'उत्पादन के हालात के मालिकों का प्रत्यक्ष, उत्पादकों के साथ सीधा संबंध... समूची सामाजिक संरचना की छुपी हुई बुनियाद, उसका गहनतम रहस्य है।' वैसे तो सामाजिक जीवन और इतिहास की तथाकथित आर्थिक व्याख्या प्लेटो के समय से ही प्रचलित रही थी। मार्क्स की विशेषता यह है कि वे समाज और सामाजिक संरचना को अलग अलग हिस्सों, कारकों, स्तरों या उदाहरणों का जमाजोड़ या मिश्रण नहीं मानते थे। यह सामाजिक संरचना एक जटिल और विभेदीकृत संपूर्णता, विभिन्न हिस्सों की ऐतिहासिक रूप से निर्मित आपसी निर्भरता है जिसमें से लंबे दिनों में एक हिस्से यानी अर्थतंत्र के क्षेत्र के अंतर्विरोध को प्रमुखता प्राप्त होती है (प्रमुख या संरचनागत अंतर्विरोध जिसके साथ ही विभिन्न हिस्सों के अंदरूनी और आपसी अंतर्विरोध भी मौजूद होते हैं)। ये ही उसकी गति, उसके ठोस रूप से अतिनिर्धारित ऐतिहासिक विकास के लिए जिम्मेदार होते हैं जिसमें संपूर्णता हिस्सों के जरिए रूपायित और अभिव्यक्त होती है तथा हिस्से संपूर्ण की छाप का वहन और प्रतिनिधित्व करते हुए भी अपनी अंतर्संबद्धता में वह खास किस्म की एकता बनाते हैं जिसे एक खास समाज या सामाजिक संरचना कहा जा सकता है। निर्धारण का अर्थ मार्क्स की अपनी सोच के हिसाब से विभिन्न प्रक्रियाओं के बीच संवाद अधिक महसूस होता है। इसके बावजूद यह कहना ही होगा कि समाज में आर्थिक पहलू पर जोर ही वह चीज है जो मार्क्सवाद को पारंपरिक समाजशास्त्र से अलगाती है।

इसके बाद वे ऐतिहासिक भौतिकवाद के ही अंग के बतौर वर्ग की धारणा का जिक्र करते हैं जो न केवल ऐतिहासिक प्रक्रियाओं की व्याख्या के लिए जरूरी है बल्कि मानव मुक्ति की संभावना के लिए भी प्रासंगिक है। राजनीति की समझ के लिए भी वर्ग संघर्ष के गतिविज्ञान पर पकड़ होनी चाहिए। क्रांतिकारी राजनीति के लिए तो यह जरूरी है ही। लेकिन यह भी किसी किस्म के अपघटन से मुक्त धारणा है क्योंकि मार्क्स पूँजीवाद के खात्मे के लिए सर्वहारा वर्ग के साथ अन्य विक्षुब्ध तबकों को भी एकताबद्ध करने की बात करते हैं। क्रांतिकारी प्रक्रिया में किसानों या निम्न पूँजीपति वर्ग की भूमिका के प्रसंग में यह बात मार्क्स के लेखन में एकाधिक जगहों पर दिखाई पड़ती है। आप कह सकते हैं कि मार्क्स ने मजदूर वर्ग की क्रांतिकारी भूमिका

पर कुछ ज्यादा ही जोर दिया था। कारण चाहे जो भी हों यह सही बात है कि यूरोप के मजदूर वर्ग से उन्हें जो उम्मीदें थीं उन पर वह खरा नहीं उतरा लेकिन रूस की क्रांति ने मजदूर वर्ग में उनके विश्वास की रक्षा की। मजदूर वर्ग की संरचना में काफी बदलाव आए। आर्थिक वैश्वीकरण और तकनीकी बदलावों ने पूँजी की राजनीतिक ताकत में इजाफा किया और मजदूर वर्ग को कमजोर किया। इसके बावजूद सही बात तो यही है कि विश्व पूँजीवाद के साथ लड़ाई में मजदूर वर्ग की निर्णायक भूमिका स्वीकार करनी होगी और समाजवाद में आज भी वास्तविक रुचि मजदूर वर्ग ही ले रहा है। मार्क्स के मुताबिक पूँजीवाद के सताए हुए वर्ग ही समाजवाद के लिए संघर्ष में अग्रणी भूमिका निभाएंगे। असल में मार्क्स के समूचे लेखन और चिंतन के केंद्र में पूँजीवाद का आलोचनात्मक विश्लेषण है जिसके अनुसार उसका पूरी दुनिया में विस्तार होना है, सारी दुनिया में पूँजी का प्रभुत्व होना है। आदिम पूँजी संचय की प्रक्रिया के जरिए एक ओर अकूत ऐश्वर्य और दूसरी ओर चरम दरिद्रता के सृजन का इसका संरचनागत तर्क अपने आपको सभी समाजों में व्यक्त करता है। इस विश्लेषण में नैतिक रोष है, जन्म से लेकर विस्तार के समूचे दौर में उसके मानव विरोधी स्वरूप को रेखांकित किया गया है, यहाँ तक कि उसको बर्बर बताया गया है।

यह बात सही है कि मार्क्स ने वृद्धि और विकास की पूँजीवाद की क्षमता को कम करके आँका लेकिन उसकी कार्यपद्धति का उनका वर्णन आँख खोलने वाला है। उनकी यह बात आज भी सही है कि पूँजीवाद सारतः अतार्किक व्यवस्था है और इसका तार्किक निषेध समाजवाद ही है। अगर मार्क्सवाद विज्ञान है तो क्रांति का विज्ञान है। यह केवल क्रांति की बात ही नहीं करता इसमें क्रांति के प्रति वह निष्ठा भी शामिल है जो मार्क्स के अनुसार 'स्वतंत्र मनुष्य के सम्मान के पक्ष में सभी दिलों का रूपांतरण और सभी हाथ उठाने की क्रिया' है। मार्क्स के लिए क्रांति दिल और दिमाग दोनों का मसला है। वे ऐसे समाज का सपना देखते थे जहाँ 'हरेक का स्वतंत्र विकास सबके स्वतंत्र विकास की पूर्वशर्त' होगा। आजकल मार्क्स के इस सपने से उनके सिद्धांत को अलग करके उन्हें सामान्य मानववादी दार्शनिक में बदला जा रहा है। सभी जानते हैं कि क्रांति के प्रति अपनी निष्ठा के चलते उन्हें जीवन भर कष्ट उठाने पड़े। इसी निष्ठा के चलते उन्होंने फ़्रांस के मजदूरों को क्रांति

शुरू न करने की सलाह दी लेकिन जब क्रांति फूट पड़ी तो उसका खुलकर स्वागत किया। उन्होंने अराजक विद्रोहियों की मुखालफत की लेकिन अपनी ही पार्टी के उन समाजवादियों की भी आलोचना की जो 'पुलिस की इजाजत की हदों में ही रहकर काम करते' थे। अगर उन्होंने भूलें कीं तो उनकी भूलें ऐसे लोगों के निर्भूल होने से बेहतर थीं जो बिना कुछ किए सभी आंदोलनों की भूलें गिनाते रहते हैं।

मार्क्सवाद के बारे में इस आरंभिक पीठिका के बाद वे यह बताते हैं कि एक हद तक यूटोपियन होने के बावजूद मार्क्स कहीं भी भविष्य के समाज के बारे में कोई खाका नहीं खींचते। वे यही कहते हैं कि उस समय के लोग उस समय की समस्याओं का समाधान करेंगे। उन्होंने तो यह भी कहा कि 'हमारे लिए साम्यवाद कोई ऐसा आदर्श नहीं है जिसके अनुसार यथार्थ अपने आपको समायोजित करे।' उनके मुताबिक समाजवाद किसी अध्ययन कक्ष में नहीं बनेगा बल्कि समाज की वास्तविक हलचलों या ऐतिहासिक प्रक्रियाओं से उपजेगा। पूँजीवाद की मार्क्स की आलोचना का केंद्रीय तत्व उत्पादकों से अतिरिक्त मूल्य के अधिग्रहण का उसका तरीका है। केंद्रीय तत्व होने के बावजूद यही सब कुछ नहीं है। इसलिए समाजवाद का मतलब महज पूँजीवादी शोषण, अतिरिक्त मूल्य के अधिग्रहण से मुक्ति नहीं है। यह सब जरूरी तो है लेकिन सब कुछ नहीं है। उत्पादन के साधनों के निजी स्वामित्व का खात्मा और उस पर सामाजिक स्वामित्व तो न्यूनतम शर्त है। इससे तो महज शुरुआत होगी। इस नए समाज में भी पूँजीवादी व्यवस्था के 'जन्म चिन्ह' बने रहेंगे। उन्हें हल करना उनका कर्तव्य होगा जो उस व्यवस्था में होंगे और मार्क्स को भरोसा था कि वे हमसे उन्नत होंगे क्योंकि हम तो वर्ग विभाजित समाज की पैदाइश हैं। समाजवाद की ओर संक्रमण की समस्याओं पर भी मार्क्स ने बहुत ध्यान नहीं दिया। एक बात लेकिन जरूर उनके लेखन से निकलकर आती है कि समाजवाद एक संक्रमणकालीन अवस्था होगा जो मनुष्य को साम्यवाद की ओर ले जाएगा। वे इस बात पर बल देते हैं कि समाजवाद को पूँजीवाद की तरह अलग किस्म का समाज नहीं मानना चाहिए। ऐसा समाज तो साम्यवाद ही होगा। समाजवाद एक तरह से साम्यवाद की निचली मंजिल हो सकता है। उसे हरेक मामले में पूँजीवाद से भिन्न होना होगा। उसके तहत संपत्ति संबंधों का आमूलचूल रूपांतरण होगा, उत्पादन का मकसद निजी मुनाफा नहीं होगा,

अर्थतंत्र पर सिर्फ कानूनी नहीं बल्कि वास्तविक सामाजिक नियंत्रण होगा, मानव कल्याण के लिए सामाजिक–भौतिक संसाधनों का जनवादी तरीके से नियोजन होगा। मार्क्स की पूँजीवाद की आलोचना के पीछे मनुष्य के प्रति उनका लगाव है इसलिए समाजवादी समाज को मनुष्य की क्षमता का भरपूर विकास कर सकने वाली व्यवस्था होना होगा। पूँजीवाद मूलतः गलाकाट प्रतियोगिता पर आधारित समाज है जो सिर्फ पूँजी के मालिकों के बीच ही नहीं होती वरन वह मनुष्य को भी उसकी अंतर्निहित सामाजिकता के बावजूद लालची और ईर्ष्यालु बना देता है इसलिए इसके उलट समाजवाद को भाईचारा का आधान बनना होगा। उसी व्यवस्था में मनुष्य सही तौर पर सामाजिक मनुष्य होगा। मनुष्य अनिवार्यता की दुनिया से स्वतंत्रता की दुनिया की ओर प्रस्थान करेगा।

समाजवाद की ओर यह संक्रमण दीर्घकालीन होगा। इस दौरान के अर्थतंत्र को लेकर अगर मार्क्स ने महज कुछ सूत्र ही दिए तो राजनीतिक ढाँचे को लेकर और भी कम कहा लेकिन एक पद 'सर्वहारा की तानाशाही' को लेकर बहुत विवाद हुए इसलिए उसके बारे में कुछ बातें रणधीर सिंह ने कीं। पहली बात तो यह कि यह सारभूत सामाजिक अंतर्वस्तु के संबंध में दिया गया वक्तव्य है, संक्रमणकालीन समाजवादी समाज में राजनीतिक सत्ता के वर्ग चरित्र का स्पष्टीकरण है क्योंकि मार्क्स की नजर में लोकतांत्रिक रूप से गठित होने के बावजूद बुर्जुआ समाज में राज्य बुर्जुआ की तानाशाही ही है। यहाँ सर्वहारा तानाशाही को लोकतंत्र का विरोध नहीं समझना चाहिए बल्कि बुर्जुआ तानाशाही का विरोध समझना चाहिए। वैसे भी मार्क्स राज्य को सरकारी मशीनरी से अलग मानते थे। मार्क्स ने पेरिस कम्यून को सर्वहारा की इस तानाशाही का अग्रदूत माना है। तब आखिर पेरिस कम्यून ने क्या किया था? सार्वजनिक चुनाव में चुने हुए कम्यून ने बुर्जुआजी की पुरानी सैन्य–नौकरशाही की मशीनरी खत्म कर दी, औपचारिक संसदवाद की जगह निर्वाचित निकायों के प्रतिनिधियों के लिए बाध्यकारी राय जताने का अधिकार जनता को दिया और प्रभावी स्वशासन का विकल्प उपलब्ध कराया, नियमित सेना और पुलिस को भंग कर दिया और इसकी जगह जनता को हथियारबंद किया, नौकरशाही का खात्मा किया और सभी प्रशासनिक, न्यायिक, शैक्षिक और दीगर पदों पर सार्वभौमिक मताधिकार के आधार पर निर्वाचित अधिकारियों की नियुक्ति का प्रावधान किया, मतदाताओं की माँग पर किसी भी समय उन्हें वापस बुलाने

का नियम बनाया, उनकी तनख्वाह को अन्य श्रमिकों के बराबर घोषित किया, पुलिस और पादरियों के राजनीतिक प्रभाव को बंद किया। आगे की उसकी योजना विकेंद्रित राजकीय व्यवस्था स्थापित करने की थी ताकि 'राष्ट्र सच्चे मायनों में एकताबद्ध हो सके और इसके लिए राजसत्ता को खत्म किया जाना था जो उस एकता का साकार रूप होने का दावा करती थी लेकिन राष्ट्र से स्वतंत्र और ऊपर तथा उसका परजीवी अपशिष्ट बनी हुई थी।' इसके अलावे कम्यून ने अपने सदस्यों के लिए ऐसे कायदे बनाए जिससे वे भ्रष्टाचार न कर सकें। तो यही वह राजसत्ता का रूप था जिसे मार्क्स मजदूरों की आदर्श सरकार मानते थे। यह क्रांति राज्य के विरुद्ध लक्षित थी। लेनिन ने इसी के अनुकरण में 'सारी सत्ता सोवियतों को' नारा बुलंद किया था।

समाजवाद के बारे में मार्क्स एंगेल्स के विचारों को समझाने के बाद रणधीर सिंह एक विचार की परीक्षा करते हैं जिसके अनुसार रूस में जो स्थापित हुआ और जिसकी नकल पूर्वी यूरोप के देशों में की गई वह समाजवाद था ही नहीं। इस सवाल पर वे आलोचकों से पूरी सहमति तो नहीं जताते लेकिन इस तथ्य को भी मंजूर करते हैं कि विकृतियाँ बहुत ज्यादा थीं और ऐसे आरोपों के पीछे अवश्य ही प्रचुर अनुभव थे लेकिन ऐसी धारणा बनाना सच्ची वाम कतारों पर इस समय जो जिम्मेदारी आ पड़ी है उससे पीछा छुड़ाना है क्योंकि उसे समाजवाद मानकर ही उसकी गलतियों का विश्लेषण किया जा सकता है और उन्हें सुधारा जा सकता है।

समाजवादी निर्माण की एक सैद्धांतिक समस्या का जिक्र करते हुए रणधीर सिंह कहते हैं कि पूँजीवाद के खात्मे के बाद भी बुर्जुआ विचारधारा और सामाजिक अनुकूलनशीलता की ताकत को एक हद तक कम करके आँका गया अर्थात समाजवाद की स्थापना और उसे टिकाए रखने की इच्छा के लिए जरूरी वैचारिक-सांस्कृतिक संघर्ष का महत्व समझने में कमी रह गई। मार्क्स को तो उम्मीद थी कि क्रांति यूरोप के विकसित देशों में पहले होगी लेकिन उन्हीं के लेखन में हमें ऐसे देशों में क्रांति की संभावना भी दिखाई पड़ती है जहाँ आबादी में किसानों की बहुतायत है। वे किसान बहुल समाजों में मजदूर किसान एकता की भी वकालत करते हैं। यह चिंतन पेरिस कम्यून के बाद विकसित हुआ था। यही चीज इतिहास में उनके सिद्धांत के व्यावहारिक प्रयोग में सही साबित हुई और फलस्वरूप क्रांतियों का गुरुत्व केंद्र पूरब की ओर

चला आया। क्रांति की उनकी गौण धारणा ही इतिहास में मुख्य धारणा बनी। उनके सिद्धांत के साथ इतिहास का यह खेल बाद की अनेक परेशानियों की वजह बना। रूस में मजदूर वर्ग विकसित देशों के मजदूर वर्ग के मुकाबले पिछड़ा हुआ था। रूस की क्रांति के बाद बोल्शेविकों को यूरोप में क्रांति के फूट पड़ने की आशा बहुत दिनों तक बनी रही क्योंकि वे इसे रूसी क्रांति को टिकाए रखने के लिए जरूरी समझते थे। लेकिन ऐसा न होने पर उन्हीं पर जिम्मेदारी आ पड़ी कि वे अपने ही देश में इसे आगे बढ़ाने की कोशिश करें। रूसी समाजवाद की अनेक विकृतियों का संबंध घिराव की इस मजबूरी से भी है। संगठन का लेनिनीय सिद्धांत 'आत्मगत ताकतों का मार्क्सवादी विज्ञान' है और आज भी क्रांतिकारी संघर्ष की समस्याओं को हल करने के लिए उपयोगी औजार बना हुआ है लेकिन इसमें संगठन में नेतृत्व की भूलों को सुधारने का कोई संस्थाबद्ध ढाँचा मौजूद नहीं है इसलिए गलती के शुरू हो जाने के बाद उसके फैसलों को उलटने की गुंजाइश कम रह जाती है।

मार्क्स के सिद्धांतों के आर्थिक अभिग्रहण से भी समाजवाद के ढहने का संबंध है इसको चिन्हित करते हुए वे लेनिन के बाद सोवियत संघ में समाजवाद को महज आर्थिक उपलब्धियों तक सीमित करके देखने समझने के नजरिए का उल्लेख करते हैं। इसका उदाहरण वे मार्क्सवाद की ऐसी आधिकारिक व्याख्या को भी मानते हैं जिसमें भौतिकवाद के तीन सिद्धांत, द्वंद्ववाद के चार नियम और ऐतिहासिक भौतिकवाद के पाँच चरण होते थे। जबकि उनके मुताबिक मार्क्सवाद बहुत ही खुला हुआ दर्शन है। यहाँ तक कि वह अपने सुधार की माँग भी आगामी पीढ़ियों से करता है। इसी सिलसिले में वे कहते हैं कि नव सामाजिक आंदोलनों की चुनौती के समक्ष आज मार्क्सवाद को समृद्ध करने की जिम्मेदारी आन पड़ी है क्योंकि इन आंदोलनों की सैद्धांतिकी मार्क्सवाद विरोधी 'उत्तर-आधुनिकता' से निर्मित हुई है और ये कुल मिलाकर सुधारात्मक ही हैं।

अन्य चीजों के अलावा रणधीर सिंह कुछ बेहद जरूरी सैद्धांतिक सवाल उठाते हैं। समाजवादी प्रोजेक्ट के पतन से एक सवाल पैदा हुआ है जिसका कोई सैद्धांतिक समाधान उन्हें मार्क्सवाद के भीतर नजर नहीं आता। अनुभव से दिखाई पड़ा है कि सत्ता पर कब्जा हो जाने के बाद नए तरह से वर्ग निर्माण की प्रक्रिया शुरू होती है। उनका कहना है कि रूसी और चीनी दोनों

ही क्रांतियों के बाद लेनिन और माओ को यह समस्या नजर आई और उन्होंने इसका समाधान खोजने की कोशिश की लेकिन दोनों के ही उत्तर पार्टी ढाँचे के बाहर जाकर अंदर की समस्याओं को हल करने के समान हैं। यह बात माओ की सांस्कृतिक क्रांति में और भी खुलकर व्यक्त होती है। जबकि समस्या यह थी कि संगठन के भीतर ही आत्म सुधार का कोई कारगर तरीका खोजा जाए। उनके मुताबिक यह ऐसी समस्या है जिसका समाधान अभी नहीं पाया जा सका है।

इसके अलावा लेखक ने इसी सिलसिले में एक ऐसे पहलू को उठाया है जिस पर आम तौर पर ध्यान नहीं दिया जाता। उनका कहना है कि परिस्थितियों और व्यक्ति की भूमिकाओं में द्वंद्वात्मक रिश्ता होता है लेकिन मार्क्सवादी आम तौर पर इसे परिस्थितियों की प्रमुखता में बदल देते हैं। क्रांति के बाद उस प्रक्रिया में शामिल रहे नेताओं की उपस्थिति भी समस्याओं पर काबू पाने में बहुत मदद करती है। रूस के संदर्भ में बोल्शेविक क्रांति के दौरान और बाद में चले गृह युद्ध में नेताओं की पहली खेप का तकरीबन सफाया हो गया था इसलिए स्तालिन तक तो नौकरशाही के विरुद्ध संघर्ष दिखाई देता है लेकिन उनकी मृत्यु के बाद इन्हीं नौकरशाहों का सरकार पर पूरी तरह से कब्जा हो गया। चीन के प्रसंग में भी यही परिघटना सामने आई।

इस किताब की खासियत यह थी कि इसने प्रतिबद्ध वामपंथी कार्यकर्ताओं को वाहियात किस्म की बातों को परे हटाकर सही मुद्दे को पहचानने में मदद की जो घटनाओं की तीव्रता और दुश्मनों के ताबड़तोड़ हमलों के समक्ष कुछ हद तक किंकर्तव्यविमूढ़ हो गए थे। उस समय तो अनेक लोग यही कहने को महान आविष्कार समझ रहे थे कि मार्क्सवाद में लोकतंत्र की गुंजाइश नहीं है इसलिए विपक्ष न होने से कम्युनिस्ट पार्टी को अपनी गलतियों का पता नहीं चला। रणधीर सिंह ने ठीक ही मजाक उड़ाते हुए लिखा कि क्या इस कमी को दूर करने के लिए कम्युनिस्ट पार्टी अपने को ही विभाजित करके विपक्ष बनाती! इसी तरह जो लोग कह रहे थे कि पिछड़े देश में क्रांति होने से अथवा एक ही देश में समाजवाद के निर्माण का निर्णय होने से विकृतियों का जन्म हुआ उनके तर्कों को खारिज करते हुए वे कहते हैं कि यह सब विशेष ऐतिहासिक परिस्थितियों के प्रति रूसी कम्युनिस्टों का उत्तर था जिसमें कोई बुनियादी खामी नहीं थी।

8

पुरानी कहानी दोबारा

इसके बाद जिस किताब का जिक्र जरूरी है वह छपी तो बहुत पहले थी लेकिन 2008 में आकार बुक्स ने उसे फिर से छापा है। किताब का नाम है *'हाउ टु रीड कार्ल मार्क्स'* और लेखक अर्न्स्ट फिशर हैं। एक लंबी और बेहद उपयोगी भूमिका जान बेलामी फास्टर ने लिखी है। इस भूमिका का वैसे तो स्वतंत्र महत्व है लेकिन पूरी भूमिका के अनुवाद की बजाए हम उसका सार प्रस्तुत करने तक अपने को सीमित रखेंगे। फास्टर बताते हैं कि फिशर दूसरे विश्व युद्ध के बाद गठित आस्ट्रिया की अस्थायी सरकार के शिक्षा मंत्री रहे और अनेक वर्षों तक आस्ट्रिया की कम्युनिस्ट पार्टी के नेताओं में से एक रहे थे। इसके बावजूद वे एक स्वतंत्र मार्क्सवादी बुद्धिजीवी की तरह ही रहे। अनेक बार तो वे पार्टी अनुशासन की सीमा से बाहर निकलकर भी अपनी राय व्यक्त करते रहे थे। 1968 में जब सोवियत संघ ने चेकोस्लोवाकिया पर हमला किया तो उसका विरोध करने के चलते उन्हें पार्टी से 1969 में निकाल दिया गया था। फिशर की यह किताब सबसे पहले वियेना में छपी थी। इस भूमिका में फास्टर मार्क्स के विचारों के साथ उनके जमाने से लेकर अब तक जो बर्ताव किया गया है उसकी झाँकी भी प्रस्तुत करते हैं ताकि इस माहौल के भीतर रखकर किताब के महत्व को समझा जा सके।

सबसे पहले वे मार्क्स को पढ़ने की दिक्कतों का जिक्र करते हैं और बताते हैं कि मार्क्स के लेखन की जटिलता के अलावे अगर आप वर्तमान समाज के तर्कों को स्वीकार कर लेते हैं तो उनकी मान्यताओं को समझना मुश्किल होगा। दूसरी कठिनाई यह है कि मार्क्स के विचारों के बारे में अधिकांश लेखन उनके विचारों को न केवल विकृत करता है बल्कि तमाम तरह के दुष्प्रचार से प्रभावित भी है। वे मार्क्स के विरोधियों के लिए सार्त्र का एक

वाक्य उद्धृत करते हैं जिसके मुताबिक ज्यादातर आलोचना बात को आगे ले जाने के बदले मार्क्स से पहले के विचारों को ही दोहराती है।

आलोचनाओं का इतिहास वे शीत युद्ध से शुरू करते हैं जिस दौरान उनके अनुसार सोवियत सत्ताओं और पश्चिमी दुनिया द्वारा एक ही तरह से मार्क्स के विचारों को विकृत किया गया। पश्चिमी दुनिया के विकारों के उदाहरण के बतौर वे *'कम्युनिस्ट पार्टी का घोषणापत्र'* के दो संस्करणों की भूमिकाओं का जिक्र करते हैं जो क्रमश: 1955 में क्रोफ्ट के क्लासिक संस्करण की सैमुएल बीअर द्वारा तथा 1967 में पेंगुइन बुक्स संस्करण की ए पी जे टेलर द्वारा लिखी हुई हैं। टेलर ने इस भूमिका से पहले भी एक किताब में मार्क्स के बारे में लिखा था कि उनका सिद्धांत सामाजिक हितों के टकराव का समाधान सोच विचार की बजाए हिंसा के जरिए निकालने की वकालत करता है और कि मार्क्स के अनुसार आदमी का दिमाग सिर्फ बाहर के तथ्यों को दर्ज करता है। दोनों भूमिकाओं के लेखन से पहले ही इनके लेखक अपने मार्क्सवाद विरोधी विचारों को जाहिर कर चुके थे। दोनों ही अपनी भूमिकाओं की शुरुआत इस दावे से करते हैं कि मार्क्सवाद धर्म है। इसके बाद उनके तर्क जुदा हो जाते हैं लेकिन वे दोनों ऐतिहासिक भौतिकवाद का ऐसा रूप तैयार करते हैं जिसे आसानी से खारिज किया जा सके। बीअर अपने पाठकों को सूचित करते हैं कि मार्क्स के विचार दो मान्यताओं पर आधारित हैं– (1) आर्थिक निर्धारणवाद या यह विचार कि 'समाज की आर्थिक संरचना मानव इच्छा और चिंतन से स्वतंत्र होकर विकसित होती है---(और) सामाजिक जीवन के अन्य क्षेत्रों में घटने वाली घटनाओं को निर्धारित करती है'। (2) यह विचार कि 'इतिहास का क्रम अनिवार्यत: हिंसक क्रांतियों से भरा हुआ है'। बीअर के अनुसार मार्क्स का ऐतिहासिक भौतिकवाद सामाजिक अस्तित्व को 'अलंघनीय नियमों' में बाँध देता है। वे द्वंद्ववाद को 'थीसिस- एंटी थीसिस- सिंथीसिस' के त्रिक में समझने का आग्रह करते हैं। मार्क्स के आर्थिक सिद्धांतों की बुनियाद उनके अनुसार 'मूल्य का श्रम सिद्धांत' है जो कीमत के बारे में कुछ भी नहीं बताता। वे 'शोषण' को नैतिक शब्दावली मानकर इसकी जगह पर 'डकैती' का विकल्प सुझाते हैं। सबसे अधिक उनका गुस्सा मार्क्स के 'गरीबी की बढ़ोत्तरी के सिद्धांत' पर उतरता है। वे कहते हैं कि इसका मतलब मार्क्स के मुताबिक मजदूर 'अधिक वेतन और काम के कम

घंटों की लड़ाई जीतने में अक्षम' हैं। बीआर की आपत्ति यह है कि पूँजीवादी निजाम के पिछले सौ सालों में मजदूर यह लड़ाई कई बार जीत चुके हैं। बेरोजगारी के बढ़ने के मार्क्स के अंदेशे को बीआर युद्धोत्तर आर्थिक उछाल का हवाला देकर खारिज करते हैं हालाँकि बीआर के मुकाबले मार्क्स ही सही साबित हो रहे हैं।

बीआर की भूमिका के बाद वे टेलर की भूमिका के बारे में बताते हैं जो बीआर की भूमिका के बारह साल बाद आई और इसकी आलोचना और भी निर्बंध है। टेलर मार्क्स को महत्वोन्मादी बताते हैं क्योंकि उनके अनुसार मार्क्स हमेशा ही अपने आपको दुनिया का बौद्धिक स्वामी समझते थे, तब भी जब उन्हें कोई जानता नहीं था। इसके लिए वे द्वंद्ववादी पद्धति में उनके विश्वास का हवाला देते हैं जो उनकी नजर में भी 'थीसिस-एंटी थीसिस-सिंथीसिस' का सरल त्रिस्तरीय ढाँचा था। इसके अनुसार अंत में समाज ऐसी स्थिति में पहुँचेगा जहाँ बिना किसी टकराव के सभी लोग राजी खुशी रहेंगे। उनका कहना है कि बगैर एक भी खोज किए मार्क्स अपने आपको वैज्ञानिक कहते हैं। उनकी नजर में मार्क्स समाज के विकास की बजाए महज क्रांति की बात करते हैं जो 'तीक्ष्ण और तुरंत' होगी। इतिहास का यह आलम है तो आर्थिक मामलात में तो और भी गड़बड़ी है। उनके अनुसार मार्क्स अतिउत्पादन से पैदा संकट की खोज को अपनी सबसे बड़ी उपलब्धि मानते थे लेकिन यह तो उस जमाने में सर्वमान्य 'मूल्य के श्रम-सिद्धांत' की उपज था। टेलर के मुताबिक अब यह मान्यता शैक्षिक जगत में अमान्य हो गई है। पूँजीवादी व्यवस्था के आर्थिक अंतर्विरोधों के बढ़ने की भविष्यवाणी टेलर के अनुसार गलत साबित हो गई है। पूँजीपतियों की समृद्धि की बढ़त के साथ ही सर्वहारा की समृद्धि भी बढ़ी है। आधुनिक पूँजीवादी व्यवस्था मार्क्स के बताए पूँजीवाद की तरह नहीं रह गई है क्योंकि स्वामित्व और नियंत्रण में अलगाव आया है। टेलर के मुताबिक मुनाफा पूँजीवाद का एकमात्र चालक तो नहीं ही रह गया है, प्रमुख चालक शक्ति भी नहीं है। टेलर कहते हैं कि मार्क्स ने शांतिपूर्ण समाजवादी क्रांति की संभावना जताई थी लेकिन बाद में इसे छोड़ दिया। टेलर का कहना है कि मार्क्स की असली प्रवृत्ति न केवल स्तालिन तक बल्कि हिटलर और मुसोलिनी तक ले जाने वाली है।

फास्टर के अनुसार दुखद यह है कि सोवियत संघ द्वारा प्रचारित मार्क्सवाद भी इसी तरह मार्क्स की आर्थिक-तकनीकी निर्धारणवादी छवि पेश करता है। इसके विरोध में पश्चिमी जगत के मार्क्सवादी बुद्धिजीवियों द्वारा जो मार्क्सवाद विकसित किया गया वह वर्ग संघर्ष और ऐतिहासिक विकास की वास्तविक दुनिया से दूर होने के कारण ज्यादा संरचनावादी था। लुई अल्थूसर ने क्लाड लेवी-स्त्रास के संरचनावाद से प्रेरणा लेकर 'आधार अधिरचना' को ऐसी संरचना में बदल दिया जिसमें कर्ता के बतौर मनुष्य की कोई भूमिका ही नहीं रही। इसी को विश्लेषणात्मक मार्क्सवादियों ने आगे बढ़ाया और सी ए कोहेन ने दावा किया कि विश्लेषणात्मक दर्शन के औजारों का इस्तेमाल करके आधार-अधिरचना के मुहावरे के विश्लेषण के जरिए मार्क्स के समूचे लेखन को व्याख्यायित किया जा सकता है। अल्थूसर और कोहेन ने मार्क्स की रक्षा के नाम पर लिखी किताबों में ये ढाँचे प्रस्तावित किए हैं। उत्तर मार्क्सवादी के नाम से जो आलोचक सामने आए हैं उनका दावा तो मार्क्स के पार जाने का है लेकिन उनके तर्क उतने ही पुराने हैं जितना खुद मार्क्सवाद। फास्टर मानते हैं कि जब भी मार्क्सवादी आंदोलन में उतार आया है ऐसे विचार कुकुरमुत्तों की तरह प्रकट हो जाते हैं।

असल में मार्क्स का निर्धारणवादी पाठ प्रथम विश्व युद्ध से पहले ही दूसरे इंटरनेशनल में सामने आ चुका था। तब तक मार्क्स के लेखन का आधा भी प्रकाशित नहीं हुआ था। बाद में प्रकाशित लेखन को सबसे महत्वपूर्ण माना गया है जो 1960-70 के दशकों में ही अंग्रेजी में आ सका। इन्हीं में मार्क्स का मानवतावादी रूप उभरकर सामने आया। इस लेखन का असर 1968 में चरम पर पहुँच गया। संयोग से उसी साल फिशर की यह किताब भी छपी। किताब के इस संस्करण के परिशिष्ट में मार्क्स के दो लेखों *'थीसिस आन फायरबाख'* और *'ए कंट्रीब्यूशन टु द क्रिटीक आफ पालिटिकल इकोनामी'* की भूमिका से आधार-अधिरचना के मुहावरे के अलावा उनकी पद्धति के बारे में पाल स्वीजी का एक लेख भी छापा गया है जो उनकी किताब *'द थियरी आफ कैपिटलिस्ट डेवलपमेंट'* का एक हिस्सा है और बेहद उपयोगी है।

इधर के दिनों में मार्क्सवाद पर जो भी सोच विचार हो रहा है उसकी एक विशेषता मार्क्स के नजरिए में उनके मानववाद पर जोर को रेखांकित करना है। रणधीर सिंह ने भी इस पहलू को उभारा। फिशर की इस किताब

में मार्क्स के ही लेखन से महत्वपूर्ण अंशों को चुनकर उनकी व्याख्या की गई है। पुस्तक का पहला अध्याय ही है–द *ड्रीम आफ द होल मैन*। स्पष्ट है कि मार्क्स के लेखन के उस हिस्से पर बल दिया गया है जिसमें वे आधुनिक पूँजीवादी खंडित मनुष्य के बरक्स संपूर्ण मनुष्य के सपने को साकार करना समाजवादी समाज का लक्ष्य घोषित करते हैं। उनके मुताबिक अठारहवीं सदी में मनुष्य का अपने आप से अलगाव समूचे यूरोप का बुनियादी अनुभव था। इसलिए अपने आपसे, अपनी प्रजाति से, आसपास की प्रकृति से मनुष्य के इस अलगाव का खात्मा उस समय के सभी मानववादियों की साझी चिंता थी। उनमें रोमांटिक लोग भी शामिल थे लेकिन समय बीतने के साथ कुछ लोग अतीत को चरम मुक्ति का समय मानकर उसका गुणगान करने लगे जबकि अन्य लोग भविष्य में मनुष्य के इस अलगाव के खात्मे का सपना सँजोए रहे।

उनके अनुसार मनुष्य श्रम के जरिए ही अपने सार को साकार करता है। लेकिन पूँजीवादी व्यवस्था में यही श्रम, श्रम विभाजन के हवाले हो जाता है। मार्क्स सामाजिक श्रम विभाजन और मैनुफैक्चर के श्रम विभाजन में फर्क करते हैं। सामाजिक श्रम विभाजन कृषि या उद्योग जैसा विभाजन है। इसी के भीतर लिंग या आयु के हिसाब से हुआ विभाजन भी आता है। कबीलों के बीच युद्ध में पराजित कबीले के लोगों को गुलाम बनाकर उनसे मेहनत कराने के चलते भी एक तरह का विभाजन हो जाता है। इसी दौर में वस्तु विनिमय की प्रथा सामने आती है। इसके बाद मानसिक और शारीरिक श्रम का अंतर आता है। इस तरह के विभाजन का सबसे बड़ा रूप गाँव और शहर का विभाजन है। ये दोनों ही श्रम विभाजन न सिर्फ मनुष्य के भीतर छिपी हुई संभावनाओं को साकार करते हैं बल्कि खास तरह की मानसिक और शारीरिक अपंगता को भी जन्म देते हैं। शहर में उत्पादकों के गिल्ड में भी अलग अलग गिल्डों के बीच का विभाजन बहुत कुछ प्राकृतिक होता है। शिल्पी जो कुछ बनाता है उससे उसका अलगाव नहीं होता। वह कोई भी चीज पूरी ही बनाता है। लेकिन मैनुफैक्चर के आगे बढ़ने पर आधुनिक श्रम विभाजन नजर आना शुरू होता है। इसके पहले तक औजार मनुष्य का आदेश मानता था लेकिन आधुनिक उद्योग तो मनुष्य को औजार का गुलाम बना देता है।

यहीं फिशर मार्क्स की एक और बात को रेखांकित करते हैं। उनके मुताबिक भौतिक जीवन मानव अस्तित्व का आधार है न कि उसका उद्देश्य।

श्रम अगर आनंद की बजाए भरण पोषण का ही साधन बनकर रह जाता है तो यह मनुष्य की प्रकृति का विरोध है। जब मार्क्स कहते हैं कि मनुष्य के समक्ष आर्थिक स्थितियाँ ऐतिहासिक विकास के एक चरण की बजाए शाश्वत नियम की तरह पेश आती हैं तो वे इन पर विजय पाने की माँग कर रहे होते हैं। वे चाहते हैं कि आर्थिक नियमों के अधीन मनुष्य न रहे बल्कि इन नियमों को ही परस्पर संबद्ध व्यक्तियों से बनी हुई मानवता के अधीन लाया जाना चाहिए। इस तरह श्रम विभाजन से उत्पादन के साधनों और उत्पाद पर निजी मालिकाना, उत्पादक पर उत्पाद की बरतरी, राज्य, चर्च, कानून जैसी संस्थाओं से व्यक्ति का पराई चीजों की तरह सामना होना आदि हालात पैदा होते हैं और फिर ये ही मिलकर अलगाव नामक स्थिति को जन्म देते हैं। अलगाव के समाज में मनुष्य का अन्य व्यक्तियों के साथ वैसा रिश्ता नहीं रह जाता जैसा दो मनुष्यों के बीच होता है बल्कि उनके बीच मालिक-मजदूर, शोषक-शोषित, मातहत-कमांडर, भिखारी-दयावान जैसा आपसी रिश्ता बन जाता है। काम की प्रक्रिया में होने वाला श्रम विभाजन मनुष्य को उसकी मनुष्यता से विलग कर देता है। सबसे आगे बढ़कर सामाजिक श्रम विभाजन में एक व्यक्ति तो वस्तुओं, औजारों, उत्पाद आदि का मालिक बन जाता है जबकि दूसरा इतना अकिंचन हो जाता है कि अपना शरीर छोड़कर उसके पास कुछ नहीं रह जाता और उसे भी बेचना पड़ता है। ऐसा माहौल व्यक्तियों की प्रतिभा को विकास का अवसर देने वाले किसी भी उत्पादक समाज के बनने की संभावना खत्म कर देता है। फिशर के मुताबिक अलगाव की समस्या जीवन भर मार्क्स के सोच विचार का विषय बनी रही। अपने अंतिम ग्रंथ *'पूँजी'* के तीसरे खंड में मार्क्स अलगाव के खात्मे की संभावना ऐसी स्थिति में देखते हैं जहाँ मनुष्य जरूरत के लिए उत्पादन के फंदे से बाहर निकल जाए।

वस्तुओं के संसार की कीमत बढ़ने के साथ साथ मानव संसार की कीमत घटने लगती है। वस्तु आखिर है क्या ? वह जो हमारी किसी जरूरत को पूरा करती हो। यही चीज उसका उपयोग मूल्य है। उसका उपयोग मूल्य तभी साकार होता है जब उसका उपभोग हो। यह मूल्य ही विनिमय मूल्य का भी आधार होता है। उपयोग मूल्य के बतौर वस्तुएँ अतुलनीय होती हैं। लेकिन माल के बतौर, उनका विनिमय मूल्य उनमें एक साझी चीज की माँग करता है। विनिमय की दुनिया में वस्तु अपनी गुणवत्ता खो देती है और महज

मात्रा में बदल जाती है। वस्तुएँ निश्चित मात्रा की श्रमशक्ति का साकार रूप हो जाती हैं, उनके भीतर मानव श्रम अमूर्त रहता है। माल के भीतर उत्पादन की सामाजिक प्रकृति और उत्पादक की आभासी स्वतंत्रता मूर्तिमान रहती है क्योंकि वह चाहे या न चाहे उसे कच्चे माल और मजदूर, मजदूर की औसत उत्पादकता, माँग और पूर्ति, उपभोक्ता की जरूरतों और उसकी क्रय क्षमता- संक्षेप में सब कुछ के लिए समग्र समाज पर निर्भर रहना पड़ता है। इस तरह माल सर्वावेशी सामाजिक उत्पादन की दुनिया में निजी अर्थतंत्र के आंतरिक अंतर्विरोध का साकार रूप हो जाता है। जैसे धार्मिक जगत में मनुष्य के दिमाग से पैदा हुई चीजें उससे आजाद होकर सजीव हो जाती हैं, एक दूसरे से और मानव जाति से रिश्ता बनाने लगती हैं उसी तरह मालों की दुनिया में मनुष्य के हाथ से बनी चीजें भी स्वतंत्र और अपने निर्माता की संचालक हो जाती हैं। विनिमय की दुनिया में मनुष्यों के बीच तो भौतिक संबंध बनते हैं लेकिन वस्तुओं में सामाजिक संबंध बनते हैं। कोई एक वस्तु अपने मालिक के अनजाने ही सामाजिक हो जाती है। आज मुनाफा कमाती है तो कल घाटा उठाती है, इसकी कीमत में चढ़ाव उतार आता है, किसी और जगह पर काम की कोई नई उत्पादक पद्धति लागू होने से इसका मूल्य कम हो जाता है, जब इसके मुकाबले कोई नहीं होता तो इसको फुसलाया जाता है और जब बहुत हो तो खारिज हो जाती है, संकट या युद्ध को जन्म देना तो इसके बाएँ हाथ का खेल है, जिसके पास यह होती है उसे इसका नशा रहता है।

फिशर ने वर्ग और वर्ग संघर्ष की धारणा के सिलसिले में भी कुछ नई बातें कहने की कोशिश की। इस मसले पर वे अपनी बात यहाँ से शुरू करते हैं कि मार्क्स वर्ग या वर्ग संघर्ष की धारणा के खोजकर्ता या आविष्कारक नहीं थे। वे इस सिद्धांत में मार्क्स के योगदान को निम्नलिखित बातों में देखते हैं :

1. किसी भी वर्ग की विशेषताओं को निर्धारित करने की कोशिश।
2. वर्गों की उत्पत्ति का विश्लेषण।
3. इस तथ्य की पहचान कि किसी निश्चित समय पर किसी वर्ग के हित उत्पादक शक्तियों के विकास और नई सामाजिक संरचना के प्रति उसकी रुझान के मेल में होते हैं जबकि अन्य वर्ग स्थापित पारंपरिक व्यवस्था की रक्षा इसलिए करते हैं क्योंकि वह उनके हितों के मेल में होती है।

4. यह यकीन कि सर्वहारा अंतिम वर्ग है और उसकी मुक्ति के लिए जरूरी है कि सभी वर्गों का खात्मा हो और वर्गविहीन समाज की स्थापना हो।

इसी सवाल पर फिशर आगे बताते हैं कि सामाजिक श्रम विभाजन के चलते तमाम तरह के पेशा आधारित समूहों का जन्म हुआ और फिर लंबे दिनों में जटिल प्रक्रिया के तहत इन समूहों से वर्गों का विकास हुआ। वे कहते हैं कि *कम्युनिस्ट पार्टी का घोषणापत्र* में इस सवाल पर थोड़ी सरलता दिखाई पड़ती है जिसमें आगे चलकर परिष्कार किया गया ताकि समाज की जटिलता को समेटा जा सके और सर्वाधिक महत्वपूर्ण वर्गों की विशेषताओं को परिभाषित किया जा सके। वर्ग कठोर या अपरिवर्तनीय नहीं होते न ही अनादि हैं बल्कि ऐतिहासिक प्रक्रिया की उपज होते हैं। वर्ग साझा विशेष हितों के लिए, जिन्हें सामान्य हित के रूप में स्थापित किया जा चुका होता है, अपने विरोधी साझा विशेष हितों के विरुद्ध लड़ाई के क्रम में पैदा होते हैं, वर्ग के रूप में उनके गठन के लिए यह जरूरी होता है, इसी लड़ाई के क्रम में जनता के विभिन्न तबके गठित हो रहे उस वर्ग की ओर खिंच आते हैं और उसमें समाहित हो जाते हैं, इस प्रक्रिया में बने वर्ग निरंतर गतिमान रहते हैं अनेक टुकड़ों में बँटते रहते हैं और नई स्थितियों में फिर से एकताबद्ध होते रहते हैं, वर्गीय हित संबद्ध व्यक्तियों से कमोबेश स्वतंत्र हैसियत बना लेते हैं, विरोधी हित से उनकी शत्रुता बार बार बनती बिगड़ती रहती है। इस तरह वर्ग लगातार गतिमान, संगठित और पुनर्संगठित होते रहते हैं। पूँजीपति और सर्वहारा इसी तरह लंबी प्रक्रिया में गठित वर्ग हैं। मार्क्स *पूँजी* के तीसरे खंड के बावनवें अध्याय में इस समस्या को उठाते हैं लेकिन उसे पूरा करने से पहले ही उनकी मृत्यु हो गई लेकिन इस अधूरी पांडुलिपि में भी मार्क्स दो नहीं तीन बड़े सामाजिक वर्गों की उपस्थिति चिन्हित करते हैं : पगारजीवी श्रमिक, पूँजीपति और जमींदार जो आय और आय के स्रोतों के मुताबिक एक दूसरे से अलग होते हैं अर्थात पगार, मुनाफा और जमीन का किराया।

इसके बाद फिशर लुई बोनापार्त की अठारहवीं ब्रूमेर में मार्क्स द्वारा वर्णित राजनीतिक हलचल के बीच प्रकट होने वाली वर्गीय विशेषताओं का चित्रण करते हैं जिसमें सिर्फ विरोधी ही नहीं मध्यवर्ती तबकों की भी भूमिका को रेखांकित किया गया है। इसी किताब में मार्क्स ने लिखा था कि वर्ग

संघर्ष का सर्वोच्च रूप राजनीतिक पार्टियों के बीच का संघर्ष है। वे बताते हैं कि मार्क्स के विश्लेषण के मुताबिक किसी व्यक्ति की आय या जीवन पद्धति सिर्फ उसका 'क्लास इन इटसेल्फ' बताती है। महत्वपूर्ण बात है कि वर्गों का निर्माण वर्ग संघर्ष के दौरान होता है। इस संघर्ष के जरिए ही वह समाजैतिहासिक ताकत बनता है। साफ है कि दो विशाल वर्गों में समाज का अधिकाधिक विभाजन एक प्रक्रिया है लेकिन इसका मतलब मध्यवर्ती वर्गों की अनुपस्थिति नहीं है। यहाँ तक कि मार्क्स पूँजीपति वर्ग में भी बौद्धिकों को अलगाते हैं तभी उनके एक हिस्से के टूटकर मजदूर वर्ग के साथ खड़ा होने की संभावना देखते हैं।

इसके बाद ऐतिहासिक भौतिकवाद संबंधी अध्याय में वे सबसे पहले व्यक्तियों की संपत्ति (इंडिविडुअल प्रापर्टी) और व्यक्तिगत संपत्ति (प्राइवेट प्रापर्टी) में मार्क्स द्वारा किए हुए भेद का उल्लेख करते हैं। इसमें पहले का मतलब व्यक्तिगत उपभोग के लिए उपलब्ध संपत्ति है तो दूसरे का मतलब ऐसी संपत्ति को निजी बनाना है जो सारतः सामाजिक होती है। यह भेद वे इस बात पर जोर देने के लिए करते हैं कि पूँजीवाद लोगों की व्यक्तिगत संपत्ति से उन्हें बेदखल करके निजी संपत्ति का निर्माण करता है। इसी आधार पर क्रांति के बाद की स्थिति के लिए उनका यह कथन जायज सिद्ध होता है 'बेदखल करने वालों को बेदखल कर दिया जाता है (एक्सप्राप्रिएटर्स आर एक्सप्राप्रिएटेड)।'

इसी प्रसंग में *'राजनीतिक अर्थशास्त्र की आलोचना में योगदान'* की प्रसिद्ध भूमिका को उद्धृत करने के बाद वे स्वीकार करते हैं कि इसके यांत्रिक अतिसरलीकरण की गुंजाइश है और ऐसा हुआ भी है। अपूर्व द्वंद्ववादी होने के बावजूद मार्क्स कहीं कहीं यह भ्रम पैदा करने का मौका देते हैं कि मानो इतिहास की संचालक शक्ति मनुष्य नहीं बल्कि श्रम के औजार, मशीन और वस्तुओं की दुनिया है। यही आलोचना आगे चलकर हम टेरी ईगलटन के लेखन में पाएँगे। इस तरह की धारणाओं को वे हेगेल और डार्विन का असर मानते हैं। हालाँकि वे *'पावर्टी आफ फिलासफी'* से यह भी उद्धृत करते हैं कि 'उत्पादन के सभी औजारों में सबसे शक्तिशाली उत्पादक शक्ति खुद क्रांतिकारी वर्ग होता है।' साथ ही *'होली फेमिली'* से उद्धरण देकर साबित करते हैं कि मार्क्स के लिए इतिहास और कुछ नहीं, जीवित मनुष्यों द्वारा

अपने मकसद को पाने के लिए किया गया काम है। आखिरकार मार्क्स महज चिंतक नहीं मजदूर आंदोलन के नेता भी थे इसलिए वे समाजवाद के लिए सामाजिक ताकतों को संगठित करने का महत्व भी जानते थे। इसीलिए मार्क्स जब नियमों की बात करते हैं तो उन्हें प्रवृत्तियों की तरह समझा जाना चाहिए।

फिशर का कहना है कि विकास के तथाकथित नियमों की तरह ही आधार अधिरचना का संबंध भी यांत्रिक तरीके से समझा गया है। असल में बौद्धिक उत्पाद भौतिक उत्पादन की तरह नहीं होता बल्कि उसके साथ और उससे निरंतर अंत:क्रिया में होता है। किसी भी समय शासकों के विचार उस समय के प्रभावी विचार होते हैं लेकिन वे ही एकमात्र विचार नहीं होते। मार्क्स बार बार इस बात पर जोर देते हैं कि किसी भी समाज में उसके नाश के बीज निहित रहते हैं। नया समाज पुराने के नकार के बतौर ही पैदा होता है। प्रभावी विचारों के साथ ही साथ विरोधी प्रतिगामी या अग्रगामी विचार भी मौजूद होते हैं और वर्ग संघर्ष केवल आर्थिक नहीं बल्कि राजनीतिक और बौद्धिक लड़ाई भी होता है। चेतना भी सही, गलत और भ्रामक होती है। ठोस स्थितियों के विश्लेषण में हमेशा ही मार्क्स चेतना और सामाजिक अस्तित्व की अंत:क्रिया का चित्रण करते हैं। मार्क्स के मुताबिक 'लोग अपने इतिहास का निर्माण करते हैं, लेकिन वे अपनी मर्जी के अनुसार उसका निर्माण नहीं करते; वे अपनी चुनी हुई परिस्थितियों में उसका निर्माण नहीं करते, बल्कि ऐसा उन्हें अतीत से प्राप्त, प्रदत्त और मौजूद स्थितियों से सीधे टकराते हुए करना पड़ता है।'

किताब के अंत में फिशर भविष्य के लिए मार्क्सवाद की चार रोचक धाराओं का जिक्र करते हैं:

1. मार्क्सवाद को ऐसा वैज्ञानिक विश्व दृष्टिकोण समझना जिसे इतिहास की द्वंद्वात्मक व्याख्या के लिए लागू किया जा सकता है। यह धारणा मार्क्स की बनिस्बत एंगेल्स के विचारों से ज्यादा प्रभावित है लेकिन एंगेल्स की इस बात को भी ध्यान में रखती है कि हरेक नई खोज के साथ भौतिकवाद को भी बदलना होगा। इसके चलते एंगेल्स के भी विचारों की फिर से परीक्षा हो रही है, उनकी सामान्यताओं को दुरुस्त किया जा रहा है और आधुनिक विज्ञान की कुछेक महत्वपूर्ण खोजों

को गैर मार्क्सवादी साबित करने वाले प्रतिबंधों को ढीला किया जा रहा है।

2. 'मनुष्य के दर्शन' के रूप में मार्क्सवाद की परिकल्पना जिसमें अलगाव को बुनियादी धारणा माना जाए। आजकल ज्यादातर मार्क्सवाद का विकास इसी दिशा में हो रहा है।

3. संरचनावाद से प्रभावित होकर मार्क्स के लेखन को भाषा और मिथ के विश्लेषण के लायक बनाना। यह विकास मार्क्सवाद को अकादमिक बनाने की ओर ले गया।

4. इतिहास और राजनीतिक पहल के अध्ययन के लिए वैज्ञानिक पद्धति के बतौर उसे विकसित करना। तीसरी दुनिया के देशों में अधिकतर मार्क्सवाद का विकास इसी लक्ष्य की ओर अग्रसर है।

9

इक्कीसवीं सदी के समाजवाद का खाका

कनाडा के मार्क्सवादी चिंतक लेबोविट्ज की किताब *'द सोशलिस्ट अल्टरनेटिव : रीयल ह्यूमन डेवलपमेंट'* आकार बुक्स से छपी 2010 में लेकिन इनकी महत्वपूर्ण किताब *'बीयांड कैपिटल'* का दूसरा संस्करण 2003 में ही छप गया था। लेबोविट्ज की एक विशेषता यह भी है कि वे मेजारोस की मान्यताओं को सरल भाषा में सुबोध ढंग से प्रस्तुत करते हैं।

लेबोविट्ज की 'बीयांड कैपिटल' की शुरुआत इस सवाल से होती है कि आखिर इक्कीसवीं सदी के पूँजीवाद को समझने के लिए उन्नीसवीं सदी के लेखक को क्यों देखा जाए। उत्तर देते हुए वे बताते हैं कि मार्क्सवाद असल में महज आर्थिक सिद्धांत नहीं हैं। मार्क्सवादी ऐसे समाज का विरोध करते हैं जो शोषण पर आधारित हो और इसीलिए मनुष्य के संपूर्ण विकास में बाधक हो। वे पूँजीवाद का विरोध इसलिए करते हैं क्योंकि इस समाज में फैसले मनुष्य की जरूरत के आधार पर नहीं बल्कि निजी मुनाफे को ध्यान में रखकर किए जाते हैं। मनुष्य और संसाधनों का पूरा इस्तेमाल नहीं हो पाता क्योंकि उन्हें मनुष्य की जरूरत के अनुसार संयोजित ही नहीं किया जाता। मानव अस्तित्व की बुनियादी शर्त, प्राकृतिक पर्यावरण को निजी मुनाफे के लिए नष्ट कर दिया जाता है। ऐसे समाज में न्याय की बात बेमानी है जिसमें उत्पादन के साधनों का स्वामित्व, एक बड़ी आबादी को अमानवीय हालात में काम करने के लिए मजबूर कर देता है। यहाँ तक कि जनता को लिंग, नस्ल और राष्ट्रीयता आदि के आधार पर इसीलिए बाँटा जाता है क्योंकि अन्यथा लोगों के बीच आपसी सहयोग पूँजी के लिए फायदेमंद नहीं होगा।

दूसरी बात यह कि मार्क्स ने पूँजीवाद के गति विज्ञान का अब तक का सर्वोत्तम अध्ययन किया था तो आज हम जब पूँजीवाद के गहरे संकट से

रूबरू हैं उन्हें जानना बहुत ही जरूरी है। पूँजीवाद के लिए माल और मुद्रा के साथ ही ऐसे श्रमिक की जरूरत होती है जो अपना श्रम बेचे, वह श्रम जो उसके शरीर में ही अवस्थित है। दूसरे कि इस श्रम को खरीदने वाला पूँजीपति हो। इसके लिए श्रमिक को आजाद होना चाहिए। उसका अपने शरीर में निहित इस ताकत पर इतना अधिकार होना चाहिए कि वह इसके मालिक के बतौर इसे बेच सके। उसे उत्पादन के सभी साधनों से भी आजाद होना चाहिए ताकि उसके पास अपना शरीर छोड़कर बेचने के लिए और कुछ भीं न हो। तीसरी बात कि पूँजीपति को उस श्रम का बाकायदे अधिग्रहण करना चाहिए। पहले भी बाजार के जरिए खरीद बिक्री हुआ करती थी लेकिन श्रम शक्ति की बिक्री की खासियत यह है कि जिस चीज का शोषण होना है वह उसके मालिक से अलग कोई वस्तु नहीं होती। इसलिए इसकी बिक्री के साथ ही मजदूर एक तरह से अपने ही शरीर पर अपना अधिकार बेच देता है। मतलब यह भी निकला कि खरीदारी के वक्त उसे सशरीर मौजूद रहना होता है। खरीदार यानी पूँजीपति भी इसकी खरीदारी निजी उपभोग के लिए नहीं करता। उसकी रुचि इससे पैदा होने वाले अतिरिक्त मूल्य में होती है। सिर्फ अतिरिक्त मूल्य के लिए ही वह श्रम शक्ति को खरीदता है। यह अतिरिक्त मूल्य उत्पादन के क्षेत्र में पैदा होता है। उत्पादित होने वाली वस्तु भी श्रम पर अधिकार के चलते उसके खरीदार की ही संपत्ति हो जाती है। अतिरिक्त मूल्य का उत्पादन और अधिग्रहण ऐसी कहानी है जो मार्क्स के पाठक आम तौर पर जानते हैं। इसके लिए पूँजीपति काम के घंटे या उत्पादकता बढ़ाता है जिससे निरपेक्ष अतिरिक्त मूल्य का सृजन होता है। लेकिन मार्क्स निरपेक्ष अतिरिक्त मूल्य का ही उद्घाटन नहीं करते बल्कि वे सापेक्ष अतिरिक्त मूल्य का भी रहस्योद्घाटन करते हैं। अपने एक लेख 'कलेक्टिव वर्कर' में लेबोविट्ज ने इस पहलू पर जोर दिया है क्योंकि काम के घंटे या उत्पादकता बढ़ाकर जो मुनाफा पूँजीपति कमाता है उसका अन्याय तो प्रत्यक्ष है लेकिन ऐसा न करने से भी जो अतिरिक्त मूल्य पैदा होता है वह सबकी नजर में नहीं आता।

लेबोविट्ज के अनुसार पूँजीवाद की मार्क्स की आलोचना सिर्फ कम या ज्यादा वेतन की नहीं बल्कि स्वयं मजदूरी की है। अगर मजदूर काम के घंटे कम करवाकर मजदूरी में बढ़ोत्तरी करवा लें तो भी मार्क्स की आलोचना खत्म नहीं हो जाएगी। अतिरिक्त मूल्य का हरेक कतरा मार्क्स की नजर में चोरी

है। सवाल गुलामी का है उसके रूप का नहीं। मार्क्स के लिए पूँजीवाद में सुधार का कोई माने मतलब नहीं, पूँजीवाद का खात्मा ही एकमात्र विकल्प है। चूँकि यह अंतर्दृष्टि आंदोलनों से अपने आप नहीं उपजती इसलिए पूँजी के तर्क के पार जाने के लिए *'पूँजी'* का अध्ययन जरूरी है। इसके बगैर यही धारणा बनी रहती है कि मजदूर ने खास मात्रा में अपना श्रम बेचा और इसीलिए शोषण भी सही मजदूरी न मिलने में दिखाई पड़ता है। मार्क्स का जोर पूँजीवाद में सुधार पर नहीं बल्कि उसके निषेध और विनाश पर है।

लेबोविट्ज कहते हैं कि मार्क्स का ग्रंथ *'पूँजी'* एकतरफा तौर पर महज पूँजी को सक्रिय दिखाता है और इसके दूसरे पहलू अर्थात मजदूर की स्वतंत्र सक्रियता को उजागर नहीं करता। इसके बरक्स वे मार्क्स के पहले इंटरनेशनल के भाषण से मजदूर वर्ग के राजनीतिक अर्थशास्त्र की धारणा को ले आते हैं और मार्क्स के एक सपने का जिक्र करते हैं जिसको आजकल बहुत से विद्वान उद्धृत करते हैं। वह है– आपस में जुड़े हुए उत्पादकों का ऐसा समाज जिसमें सामाजिक संपदा, श्रमशक्ति के खरीदारों को प्राप्त होने की बजाए स्वाधीन तौर पर परस्पर संबद्ध व्यक्तियों द्वारा नियोजित की जाती है जो सामुदायिक उद्देश्यों के लिए और सामाजिक जरूरत के मुताबिक उत्पादन करते हैं।

अपने एक लेख *'स्पेक्टर आफ सोशलिज्म फार द 21 सेंचुरी'* में लेबोविट्ज समाजवाद को तीन चीजों का समुच्चय मानते हैं।

1. उत्पादन के साधनों पर सामाजिक स्वामित्व: यह चीज राजकीय स्वामित्व से अलग है। इसके लिए गहन लोकतांत्रिकता की जरूरत है जिसमें जनता, उत्पादकों और समाज के सदस्य के बतौर समस्त सामाजिक श्रम के परिणामों के उपयोग के बारे में निर्णय लेगी। सामाजिक संपत्ति की उनकी धारणा में अतीत के संचित श्रम की केंद्रीयता है जिसमें औजार और कौशल शामिल हैं। अतीत का यह संचित श्रम हमें मुफ्त मिलता है और इसी के साथ सहयोग और सहकार को जोड़ देने से सामाजिक उत्पादक शक्ति प्राप्त होती है। इसी सामाजिक विरासत के लिए लड़ाई एक तरह से वर्ग संघर्ष है। पूँजीवाद इसी विरासत से मनुष्य को अलग करता है और उसे पूँजी में बदलकर हथिया लेता है। इसको वापस हासिल करना और जीवित सामाजिक श्रम तथा अतीत के सामाजिक श्रम को संयुक्त करना समाजवाद के लिए आवश्यक है।

2. मजदूरों द्वारा उत्पादन का संगठन: मजदूरों द्वारा संगठित उत्पादन से उत्पादकों के बीच नए रिश्तों की बुनियाद पड़ती है जो सहयोग और एकजुटता के होते हैं। इसके लिए मजदूरों को काम की जगह पर चिंतन और कर्म को आपस में जोड़ने की क्षमता विकसित करनी होगी। इससे उनमें निर्णय लेने का आत्मविश्वास आता है।
3. सामुदायिक जरूरतों और उद्देश्यों की संतुष्टि: यह बात मानव परिवार के सदस्यों के बतौर हमारी जरूरतों और हमारी साझा मानवता को मान्यता देने पर आधारित है। इसके लिए स्वार्थ से ऊपर उठने और समुदाय तथा समाज के बारे में सोचने के महत्व पर जोर देना होगा। जब तक हम निजी लाभ के लिए उत्पादन करते हैं तब तक दूसरों को प्रतिद्वंद्वी या ग्राहक ही समझते हैं यानी दुश्मन या अपने मकसद को पूरा करने का साधन और इसी कारण एक दूसरे से अलग थलग और एकांगी बने रहते हैं। समाजवाद के आरंभिक त्रिक का यह पहलू आचरण में भिन्नता को मानकर एकता स्थापित करने पर बल देता है। इस तरह हम जनता में एकजुटता का निर्माण तो करते ही हैं अपने को भी अलग तरीके से उत्पादित करते हैं।

एक लेख *'द इंपोर्टेंस ऑफ सोशलिस्ट एकाउनटेंसी'* में वे मेजारोस की एक नई धारणा ले आते हैं। उनका कहना है कि नया समाजवादी समाज बनाने के लिए नई धारणाओं का निर्माण करना होगा। ये नई धारणाएँ पूँजी की तार्किकता के मुकाबले सामाजिक तार्किकता की स्थापना करेंगी। इस सिलसिले में वे मेजारोस की 'समाजवादी एकाउनटेंसी' की धारणा का जिक्र करते हैं जो पूँजी के तर्क में निहित 'एकाउनटिंग और एडमिनिस्ट्रेशन' के विरोध में प्रस्तावित किया गया है। इसमें पूँजीवादी व्यवस्था के परिमाण पर जोर के विपरीत गुण पर जोर दिया जाना चाहिए और उत्पादन का लक्ष्य जरूरतों की सीधी संतुष्टि होना चाहिए। इसका दूसरा पैमाना स्वतंत्र समय होना चाहिए जिसे मनुष्य अपने आपको साकार करने के लिए रचनात्मक तरीके से इस्तेमाल करेगा और अनिवार्य श्रम के समय की तानाशाही से आजादी हासिल करेगा। इस तरह समाजवादी लेखा जोखा अनिवार्य श्रम समय के निषेध पर आधारित होगा। इतिहास में आगे चलकर स्वतंत्र समय का उत्पादन मुक्ति की अनिवार्य शर्त होगा। यह पूँजीवाद की इस स्थिति के विरोध में होगा जहाँ

समय ही सब कुछ होता है, मनुष्य कुछ नहीं होता। समाजवादी लेखा की धारणा की जरूरत पूँजीवादी लेखा और सक्षमता की पूँजीवादी धारणा को तोड़ने के लिए है। स्वतंत्र समय मानव विकास और व्यवहार से जुड़ा हुआ है इसलिए समाजवादी लेखा की धारणा यहाँ आकर परिस्थिति को बदलने के साथ ही खुद को बदलने के क्रांतिकारी आचरण से मिल जाती है। इस तरह यह मानव क्षमता में विकास को भी समाहित करती है। जहाँ पूँजीवादी लेखा उत्पादन के समय को ध्यान में रखता है और मानव क्षमता का मूल्यांकन प्रति इकाई वस्तुओं के उत्पादन में लगे मानव श्रम के हिसाब से करता है वहीं समाजवादी लेखा मनुष्य के लिए आवश्यक निवेश के आधार पर श्रमिक की क्षमता में विकास का आकलन करता है।

10

आज का समाजवाद

हंगरी के मार्क्सवादी चिंतक इस्तवान मेजारोस फिलहाल सबसे महत्वपूर्ण माने जाते हैं। उनकी किताब *'बीयांड कैपिटल'* की चर्चा हम पहले ही कर चुके हैं। किताब का पहला और दूसरा खंड इंग्लैंड में 1995 में मर्लिन प्रेस से छपा था। फिर अमेरिका में मंथली रिव्यू प्रेस से छपा। भारत में 2000 में के पी बागची ने उसे छापा। पहला खंड है 'द अनकंट्रोलेबिलिटी आफ कैपिटल एंड इट्स क्रिटिक' जिसमें वे पूँजी की अराजकता का विश्लेषण करते हैं। दूसरा खंड 'कनफ्रंरिंग द स्ट्रक्चरल क्राइसिस आफ द कैपिटल सिस्टम' है जिसमें वे पूँजी के वर्तमान संरचनात्मक संकट को व्याख्यायित करते हैं। मेजारोस के अर्थशास्त्र संबंधी लेखन को पढ़ते हुए ध्यान रखना पड़ता है कि उनका मूल क्षेत्र दर्शन है और इस क्षेत्र की ओर उनका आना वर्तमान समस्याओं को समझने समझाने के क्रम में हुआ है।

उनकी सबसे बड़ी विशेषता है कुछ नई धारणाओं का उपयोग जिनसे परिचय के बगैर उनके लेखन को समझना मुश्किल है। मसलन वे पूँजीवाद (कैपिटलिज्म) की बजाए पूँजी (कैपिटल) शब्द का प्रयोग बेहतर समझते हैं और दोनों के बीच फर्क बताने के लिए यह कहते हैं कि मार्क्स ने अपने ग्रंथ का नाम *'पूँजी'* यूँ ही नहीं रखा था। *'बीयांड कैपिटल'* की भूमिका में उन्होंने बुर्जुआ नेताओं, खासकर मार्गरेट थैचर द्वारा टिना (देयर इज नो अल्टरनेटिव) तथा उन्हीं नेताओं द्वारा राजनीति को 'आर्ट आफ पासिबल' बताने के बीच निहित अंतर्विरोध को रेखांकित किया है। इसी भूमिका में उन्होंने किताब के शीर्षक के तीन अर्थ बताए हैं-

1. मार्क्स ने खुद ही *'पूँजी'* लिखते हुए इसका मतलब स्पष्ट किया था जिसका अर्थ है सिर्फ पूँजीवाद के परे नहीं बल्कि पूँजी के ही परे जाना।
2. मार्क्स द्वारा लिखित *'पूँजी'* के पहले खंड और उनकी मृत्यु के बाद प्रकाशित शेष दो खंडों तथा *ग्रुंड्रीस* और *थियरीज आफ सरप्लस वैल्यू* के भी परे जाना क्योंकि ये सभी उनकी मूल परियोजना के शुरुआती दौर तक ही पहुँचे थे और उनके द्वारा सोचे गए काम को पूरी तरह प्रतिबिंबित नहीं करते।
3. मार्क्सीय परियोजना के भी परे जाना क्योंकि यह उन्नीसवीं सदी के माल उत्पादक समाज के वैश्विक उत्थान की परिस्थितियों को ही व्यक्त करती है और बीसवीं सदी में उसका जो रूप उभर कर सामने आया वह उनके सैद्धांतिक विश्लेषण से बाहर रहा।

उनके अनुसार पूँजीवाद, पूँजी की मौजूदगी का महज एक रूप है। पूँजीवाद के खात्मे के साथ ही पूँजी का अंत नहीं होता। इसे समाजवाद के लिए संघर्ष से जोड़ते हुए वे कहते हैं कि समाजवाद का काम पूँजी के प्रभुत्व का खात्मा है। इस प्रभुत्व को व्यक्त करने के लिए वे इसे सोशल मेटाबोलिक रिप्रोडक्शन की व्यवस्था कहते हैं जिसका मतलब ऐसी व्यवस्था है जो सामाजिक रूप से चयापचय की ऐसी प्रणाली बना लेती है जो अपने आप इसका पुनरुत्पादन करती रहे। इसे ही वे मार्क्स द्वारा प्रयुक्त पद आवयविक प्रणाली (आर्गेनिक सिस्टम) कहते हैं। पूँजी का यह प्रभुत्व मेजारोस के मुताबिक महज पिछली तीन सदियों के दौरान सामान्य माल उत्पादन की व्यवस्था के रूप में सामने आया है। इसने मनुष्य को 'अनिवार्य श्रम शक्ति' के बतौर महज 'उत्पादन की लागत' में बदल कर जिंदा श्रमिक को भी 'विक्रेय माल' बना दिया है। मनुष्यों में आपस में अथवा प्रकृति के साथ मनुष्य की उत्पादक अंत:क्रिया के पुराने रूप उपयोग के लिए उत्पादन की ओर लक्षित होते थे जिसमें कुछ हद तक आत्म निर्भरता होती थी लेकिन पूँजी का आंतरिक तर्क किसी भी मात्रा में न समा सकने वाली मानव आवश्यकताओं तक महदूद रह ही नहीं सकता था। अंत में पूँजीवाद ने आत्म निर्भरता के इसी आधार का नाश करके उपयोग को गणनीय और अनंत 'विनिमय मूल्य' की पूजा परक अपरिहार्यता के अधीन कर दिया। इसने अपने आपको ऐसी लौह प्रणाली के रूप में पेश

किया जिससे पार पाना संभव नहीं दिखाई देता। लेकिन पूँजीवाद की जिंदगी ही अबाध विस्तार की जरूरतों को अनिवार्यतः पूरा करने पर निर्भर है जिसके कारण इसके सामने अनेक ऐतिहासिक सीमाबद्धताएँ प्रकट होती हैं। इन्हीं सीमाओं को ध्यान में रखते हुए बीसवीं सदी में इसकी अतृप्त लिप्सा पर रोक लगाने की असफल कोशिशें की गईं। इनसे बस एक तरह का मिश्रण ही हो सका, कोई संरचनागत समाधान नहीं निकला बल्कि पूँजी लगातार संकटों में ही फँसती गई और इन अवरोधों से टकराने के क्रम में उसके अनेक अंतर्विरोध भी सामने आए।

पूँजीवाद मूलतः विस्तारोन्मुखी और संचयवृत्ति मूलक होता है इसलिए मनुष्य की जरूरतों को संतुष्ट करना इसका ध्येय ही नहीं होता। इसमें पूँजी का विस्तार अपने आप में एक मकसद हो जाता है और इसलिए इस व्यवस्था का निरंतर पुनरुत्पादन इसकी मजबूरी बन जाता है। श्रम से इसकी शत्रुता जन्मजात होती है और निर्णय की प्रक्रिया में श्रमिक की कोई भागीदारी इसके लिए असह्य होती है। चूँकि यह शत्रुता संरचनागत है इसलिए इस व्यवस्था में सुधार या इस पर कोई नियंत्रण असंभव है। सामाजिक जनवाद के सुधारवाद का दिवाला यूँ ही नहीं निकला। सुधारवाद के अंत ने सीधे समाजवाद के लिए क्रांतिकारी आक्रामकता का रास्ता खोल दिया है। सुधारवाद की राजनीति प्रमुख रूप से बुर्जुआ संसदीय सीमाओं के भीतर चलती थी इसलिए इसका एक मतलब संसद के बाहर क्रांतिकारी सक्रियता को बढ़ाना भी है।

पूँजी की व्यवस्था में तीन अंतर्विरोध मौजूद होते हैं-

(1) उत्पादन और उसके नियंत्रण के बीच, (2) उत्पादन और उपभोग के बीच, और (3) उत्पादन तथा उत्पादित वस्तुओं के वितरण के बीच।

इन अंतर्विरोधों के चलते विघटनकारी और केंद्रापसारी वृत्ति इसका गुण होती है। इसी वृत्ति को काबू में रखने के लिए राष्ट्र राज्य की संस्था खोजी गई लेकिन वह भी इसे नियंत्रित करने में असफल रही है। यह समाधान तात्कालिक था, इसका पता इसी बात से चलता है कि आजकल हरेक समस्या का समाधान वैश्वीकरण नामक जादू की छड़ी में खोजा जा रहा है। सच तो यह है कि अपनी शुरुआत से ही यह व्यवस्था वैश्विक रही है। इसे पूरी तरह से खत्म करने के लक्ष्य का पहला चरण पूँजीवाद की पराजय है। मेजारोस का कहना है कि जिन्हें समाजवादी क्रांति कहा गया वे दरअसल इसी काम

को पूरा कर सकी थीं। वे उत्तर पूँजीवादी समाज की ही रचना कर सकी थीं जिसे समाजवाद की ओर जाना था लेकिन इसे ही समाजवादी क्रांति मान लेने से समाजवादी कार्यभार शुरू ही नहीं हो सका।

इस खंड के पहले अध्याय में वे कहते हैं कि हेगेल की आलोचनात्मक धार को फिर से अर्जित किया जाना चाहिए। अपने जीवन में ही हेगेल सत्ता के लिए असुविधाजनक हो गए थे, मरने के बाद तो उन्हें व्यावहारिक रूप से दफना ही दिया गया। इसके लिए वे कहते हैं कि हेगेल की महान उपलब्धियों को ग्रहण करते हुए भी पूँजी को अनादि अनंत की तरह पेश करने के उनके काम की क्रांतिकारी आलोचना करनी होगी। मार्क्स की धारणाओं को समझने के लिए हेगेल को पुनःप्राप्त करने की इस कोशिश की वे तीन वजहें बताते हैं। पहली कि 1840 दशक में मार्क्स के बौद्धिक निर्माण के समय की राजनीतिक और दार्शनिक बहसों के चलते ऐसा करना अपरिहार्य है। असल में 1841 में बर्लिन विश्वविद्यालय में मार्क्स और किर्कीगाद ने साथ साथ शेलिंग के हेगेल विरोधी व्याख्यान सुने लेकिन दोनों ने राह अलग अलग अपनाई। उस समय का माहौल ही ऐसा था कि आपको हेगेल के समर्थन या विरोध में खड़ा होना ही पड़ता। दूसरी वजह उनके अनुसार यह है कि जर्मन बुर्जुआ द्वारा हेगेल को पूरी तरह से खत्म कर देने की कोशिश के मद्दे नजर उनकी उपलब्धियों को विकसित करना जरूरी था। हेगेल का समर्थन करते हुए भी मार्क्स ने उनकी समस्याओं को समझा और उसका आलोचनात्मक सार सुरक्षित रखते हुए भी क्रांतिकारी परिवर्तन के लिए उसका सकारात्मक निषेध किया। मजेदार बात यह है कि हेगेल का विरोध न सिर्फ उसी पूँजीवाद ने किया जिसने जरूरत पड़ने पर उन्हें स्थापित किया था और जरूरत खत्म हो जाने पर उन्हें दफना दिया, बल्कि समाजवादी आंदोलन में भी उनके स्वीकार अस्वीकार से इस आंदोलन के उतार चढ़ाव का गहरा रिश्ता रहा है। बर्नस्टाइन के नेतृत्व में हेगेल के द्वंद्ववाद के मुकाबले कांट के विधेयवाद का उत्थान हुआ और दूसरे इंटरनेशनल के सामाजिक जनवाद की राजनीति के पतन तक इसका बोलबाला रहा। असल में हेगेल का दर्शन मूलतः महत्तर सामाजिक टकरावों के बीच विकसित हुआ था और बाद के दिनों में हेगेल द्वारा ही अनुदारवादी समायोजनों के बावजूद संक्रमण की गतिमयता के निशान कभी खत्म नहीं किए जा सके। यहाँ तक देखा गया कि सोवियत संघ में नौकरशाही के उत्थान

के साथ हेगेल के साथ एक तरह का नकारात्मक भाव जोड़ने की कोशिश हुई। तीसरी वजह यह है कि वास्तव में 1848 के क्रांतिकारी माहौल में हेगेल बुर्जुआ वर्ग के लिए लज्जा का विषय हो गए थे और मार्क्सवाद तथा उनके दर्शन के बीच के संपर्कों पर परदा डालना संभव नहीं रह गया था।

बाद के चिंतकों में वे लुकाच की इसीलिए प्रशंसा करते हैं क्योंकि उन्होंने हेगेल को अपनाने की कोशिश की थी। लुकाच की प्रासंगिकता मेजारोस के मुताबिक इसलिए भी बढ़ गई है क्योंकि सोवियत संघ के भीतर बीसवीं सदी में उभरे अंतर्विरोधों के चलते इसकी आलोचनाओं को दोबारा गंभरता से देखने की जरूरत पड़ी है। इस नाते उन्हें *'हस्ट्री एंड क्लास कांशसनेस'* ऐसा काम लगता है जो सोवियत संघ के जन्म के साथ जुड़ी ऐतिहासिक परिस्थितियों और बाद में हुए राजनीतिक बौद्धिक विकासों के मामले में उसकी समस्याओं की निशानदेही करता है। मेजारोस के अनुसार इस किताब की चर्चा के कारण निम्नांकित हैं-

1. पहली बड़ी समाजवादी क्रांति 'जंजीर की सबसे कमजोर कड़ी' में हुई। इससे अनेक सैद्धांतिक सवाल जुड़े हुए हैं। आधिकारिक सोवियत साहित्य में इसे सकारात्मक अर्थ में पेश किया जाता है जबकि लुकाच ने इस शब्दावली का प्रयोग रूस के समाजार्थिक ढाँचे के अत्यधिक पिछड़ेपन पर जोर देने के लिए किया था। ध्यातव्य है कि सोवियत समाज की बाद में सामने आने वाली ज्यादातर समस्याओं की जड़ें रूस के इस हालात में हैं। यहाँ हमें क्रांति के बाद उपजे समाज के अंतर्विरोधों और उसके बारे में दार्शनिक सूत्रीकरण के बीच जीवंत संबंध की पहचान मिलती है।
2. चूँकि लुकाच पश्चिम की असफल क्रांतियों में से एक के भागीदार रहे थे इसलिए इस किताब में अत्यंत प्रतिकूल परिस्थितियों में भी क्रांति की गारंटी करने वाले तत्वों की तलाश मिलती है।
3. हंगरी की क्रांति की असफलता से उन्होंने कुछेक निष्कर्ष निकाले थे जिनमें एक मुद्दा पार्टी का नौकरशाहीकरण है हालाँकि उन्होंने इसे सिर्फ नेतृत्व की मसीहाई भाषा में चिन्हित किया था। लेकिन बाद में रूस में आई विकृतियों के प्रसंग में इसका महत्व स्पष्ट हुआ।

4. उन्होंने रूसी क्रांति के प्रभाव से बुर्जुआ बुद्धिजीवियों के कम्युनिस्ट आंदोलन में आगमन से पैदा होने वाली समस्याओं को भी उठाया। ये लोग अपने साथ अपना एजेंडा और मकसद लेकर आए थे। हालाँकि बाद में इस बिंदु पर अतिरिक्त जोर देकर पश्चिमी मार्क्सवाद की कोटि भी निर्मित की गई लेकिन उसका उद्देश्य लुकाच जैसे बुद्धिजीवियों को मार्क्सवाद से बाहर साबित करके उनके प्रयासों का फ़ातिहा पढ़ना था।

मेजारोस ने मार्क्सवाद के संदर्भ में नव सामाजिक आंदोलनों का परिप्रेक्ष्य भी उठाया है। पर्यावरण आंदोलन के संदर्भ से वे बताते हैं कि पूँजीवादी विकास के शुरुआती दिनों में उसके अनेक नकारात्मक पहलुओं और प्रवृत्तियों को थोड़ा अनदेखा किया जा सकता था। लेकिन आज उनकी अनदेखी धरती के विनाश की कीमत पर ही संभव है। इसी पृष्ठभूमि में तमाम तरह के पर्यावरणवादी आंदोलन उभरे। पूँजीवादी देशों में सुधारोन्मुख ग्रीन पार्टियों के रूप में ये आंदोलन राजनीति में भी जगह बनाने की कोशिश करते हैं। वे पर्यावरण के विनाश से चिंतित व्यक्तियों को आकर्षित करते हैं लेकिन इसके समाजार्थिक कारणों को अपरिभाषित छोड़ देते हैं। ऐसा उन्होंने शायद व्यापक चुनावी आधार बनाने के लिए किया होगा लेकिन आरंभिक सफलता के बाद जिस तेजी से वे हाशिए पर पहुँच गईं उससे साबित होता है कि पर्यावरण के विनाश के कारण उनके नेताओं द्वारा सोचे गए कारणों से अधिक गहरे हैं। असल में आज न केवल विकास के साथ जुड़े हुए खतरे अभूतपूर्व रूप से बढ़ गए हैं बल्कि विश्व पूँजी की व्यवस्था के अंतर्विरोध पूरी तरह से परिपक्व हो गए हैं और ये खतरे इस तरह समूची धरती को अपनी जद में ले चुके हैं कि उनका कोई आंशिक समाधान सोचना संभव नहीं रह गया है।

जिस नई धारणा की चर्चा फास्टर ने पूँजी की चरम सीमाओं की सक्रियता के नाम से किया है उससे संबंधित अध्याय में मेजारोस पूँजी के वर्तमान संकट के प्रसंग में चार मुद्दों पर बात करना जरूरी समझते हैं। वे इन्हें एक दूसरे से अलग नहीं मानते बल्कि कहते हैं कि उनमें से हरेक मुद्दा बड़े अंतर्विरोधों का केंद्रबिंदु है लेकिन ये सभी मिलकर एक दूसरे की मारकता को भीषण बना देते हैं। वैश्विक पूँजी और राष्ट्र राज्य की सीमाओं के बीच का विरोध कम से कम तीन बुनियादी अंतर्विरोधों से जुड़ा हुआ है- इजारेदारी और प्रतियोगिता के बीच, श्रम की प्रक्रिया के अधिकाधिक समाजीकरण और

उसके उत्पाद के भेदभावपरक निजी अधिग्रहण के बीच तथा अबाध रूप से बढ़ते वैश्विक श्रम विभाजन और असमान रूप से विकासशील पूँजी की वैश्विक व्यवस्था के निरंतर बदलते शक्ति केंद्रों द्वारा प्रभुता स्थापित करने की कोशिशों के बीच। इन सबसे मिलकर पैदा हुई बेरोजगारी की समस्या ने विश्व पूँजी व्यवस्था के अंतर्विरोधों और शत्रुताओं को सर्वाधिक विस्फोटक रूप दे दिया है।

पहले खंड के तेरहवें अध्याय में वे राज्य को उखाड़ फेंकने के समाजवादी कार्यभार के प्रसंग में राज्य के बारे में मार्क्स के राजनीतिक सिद्धांत के मुख्य तत्वों को बिंदुवार बताते हैं। यह वर्णन बहुत कुछ पूर्व समाजवादी शासनों के कटु अनुभवों से प्रभावित है इसलिए एक तरह का आदर्शवाद भी इसमें मौजूद है।

1. समूचे समाज के क्रांतिकारी रूपांतरण के जरिए राज्य का अतिक्रमण करना होगा न कि किसी सरकारी आदेश या तमाम राजनीतिक/प्रशासनिक उपायों के जरिए इसे उखाड़ा जाएगा।
2. आगामी क्रांति को अगर समाजार्थिक शोषण की सीमाओं में ही कैद होकर नहीं रह जाना है तो उसे केवल राजनीतिक होने की बजाए सामाजिक क्रांति होना होगा।
3. अतीत की राजनीतिक क्रांतियों ने आंशिकता और सार्विकता के बीच जिस अंतर्विरोध को पैदा किया था तथा नागरिक समाज के प्रभावी तबकों के पक्ष में सामाजिक सार्विकता को राजनीतिक आंशिकता के अधीन कर दिया था सामाजिक क्रांति उस अंतर्विरोध को ही खत्म कर देती है।
4. सर्वहारा मुक्ति का सामाजिक अभिकर्ता इसीलिए होता है क्योंकि पूँजीवादी समाज के शत्रुतापूर्ण अंतर्विरोधों की परिपक्वता के चलते वह सामाजिक व्यवस्था को उखाड़ फेंकने के लिए बाध्य होता है और अपने आपको समाज पर नई शासक आंशिकता के रूप में थोपने में अक्षम होता है।
5. राजनीतिक और सामाजिक/आर्थिक संघर्ष द्वंद्वात्मक रूप से एकताबद्ध होते हैं और इसीलिए सामाजिक/ आर्थिक पहलू की उपेक्षा राजनीतिक पहलू को उसके यथार्थ से वंचित कर देती है।

6. समाजवादी कदमों के लिए वस्तुगत परिस्थितियों की गैर मौजूदगी में राजनीतिक सत्ता पर अपरिपक्व अवस्था में कब्जा हो जाने पर आप विरोधी की ही नीतियों को लागू करने लगते हैं।
7. कोई भी सफल सामाजिक क्रांति महज स्थानीय या राष्ट्रीय नहीं होगी। राजनीतिक क्रांति ही अपनी आंशिकता के चलते इन सीमाओं तक महदूद रह सकती है। इसके विपरीत सामाजिक क्रांति को वैश्विक होना होगा यानी राज्य का अतिक्रमण भी वैश्विक स्तर पर करना होगा।

किताब का दूसरा खंड ज्यादा मजेदार है जिसमें वे पूँजीवाद के मिथकों को एक एक कर ध्वस्त करते हैं। इसमें कुछ ऐसे लेख भी संकलित कर दिए गए हैं जो हालिया प्रश्नों को लेकर लिखे गए हैं। इसका पहला अध्याय संपदा के उत्पादन तथा उत्पादन की समृद्धि का विवेचन करता है। इसमें वे वास्तविक जरूरतों की अनदेखी करके उत्पादन में बढ़ोत्तरी करने की पूँजीवादी रवायत के मुकाबले उन जरूरतों की दृष्टि से मनुष्य की उत्पादक क्षमताओं के विकास का वैकल्पिक नजरिया अपनाने की सलाह देते हैं क्योंकि जरूरत और संपदा-उत्पादन में संबंध विच्छेद विकसित और सुविधा संपन्न पूँजीवादी देशों में भी नहीं चल पा रहा, व्यापक मानवता की बुनियादी जरूरतों को पूरा करने की तो बात ही छोड़िए। उत्पादन का वर्तमान उद्देश्य जैसा है सदा से वैसा ही नहीं रहा इस बात के समर्थन में वे मार्क्स को उद्धृत करते हैं जिनके मुताबिक प्राचीन काल में उत्पादन का लक्ष्य संपदा बटोरना नहीं था, बल्कि उत्पादन का लक्ष्य मानव जीवन था। वह स्थिति आज के विपरीत थी जब मानव जीवन का उद्देश्य उत्पादन हो गया है और उत्पादन का लक्ष्य संपदा हो गई है। इस बदलाव के लिए उपयोग मूल्य को विनिमय मूल्य से अलगाना और उसके अधीन लाना जरूरी था। मेजारोस संपदा के उत्पादन के बरक्स उत्पादन की समृद्धि पर ज़ोर देते हैं। इसके बाद वे बताते हैं कि पूँजीवाद असल में बरबादी को बढ़ावा देता है। इसका उदाहरण यूज एंड थ्रो की संस्कृति है। अब टिकाऊ चीजों को बनाना उसका लक्ष्य नहीं रह गया है। यहाँ तक कि गुणवत्ता वाली चीजें बनाने के मुकाबले उसका जोर उत्पादन की मात्रा पर होता है। मेजारोस के अनुसार पूँजीवाद उपयोग में निरंतर गिरावट को जन्म देता है। उपयोग की घटती हुई दर पूँजीवादी उत्पादन और उपभोग के सभी बुनियादी पहलुओं, वस्तुओं और सेवाओं, कारखाना और मशीनरी

तथा श्रम शक्ति पर नकारात्मक प्रभाव डालती है। इसका ज्वलंत उदाहरण सैन्य औद्योगिक परिक्षेत्र है।

मार्क्स ने कहा था कि पूँजी जीवंत अंतर्विरोध है इसलिए हमें इसके साथ जुड़ी किसी भी प्रवृत्ति पर सोचते समय उसकी विपरीत प्रवृत्ति को भी ध्यान में रखना चाहिए। मसलन पूँजी की एकाधिकारी प्रवृत्ति का विरोध प्रतियोगिता से होता है, केंद्रीकरण का विरोध बिखराव से, अंतर्राष्ट्रीकरण का राष्ट्रवाद और क्षेत्रीय विशिष्टता से तथा संतुलन का विरोध संतुलन-भंग से होता है। यह भी दिमाग में रखना होगा कि पूँजी की व्यवस्था का विकास असमान होता है इसलिए ये सभी प्रवृत्तियाँ और प्रति प्रवृत्तियाँ एक साथ सभी देशों में नहीं भी प्रकट हो सकती हैं।

पूँजीवाद ने एक समय मुक्त प्रतियोगिता से जन्म लिया था लेकिन प्रतियोगिता के विध्वंसक होने पर उसे संगठित पूँजीवाद की शक्ल दी गई। इसका अर्थ संकट का खत्मा नहीं था लेकिन कुछ मार्क्सवादी विचारकों में भ्रम फैलाने में यह बदलाव कामयाब रहा। फ्रैंकफुर्त स्कूल के विचारकों ने इसे ही एक नई संरचना मान लिया और मजदूरों को समाहित कर लेने की व्यवस्था की क्षमता को बढ़ा-चढ़ाकर आँकने लगे।

मार्क्स की पूँजी संबंधी समूची परियोजना की एक झलक देने के लिए मेजारोस *ग्रुंड्रीस* से एक लंबा उद्धरण देते हैं जिसके मुताबिक 'बुर्जुआ समाज उत्पादन का सबसे विकसित और सबसे जटिल ऐतिहासिक संगठन है। जिन कोटियों के जरिए इसके रिश्तों को व्यक्त किया जाता है, इसकी संरचना को समझा जाता है वे उन सभी लुप्तप्राय समाजों की संरचनाओं और उत्पादन संबंधों को समझने की अंतर्दृष्टि प्रदान करती हैं जिनके ध्वंसावशेषों और तत्वों से यह निर्मित हुआ है, जिनके कुछेक अविजित अवशेष अब भी इसके साथ लगे लिपटे हुए हैं, जिनके छिपे मानी इसमें पूरी तरह प्रकट हुए हैं।' इसके आधार पर वे नतीजा निकालते हैं कि मार्क्स का इरादा सिर्फ पूँजीवादी उत्पादन की कमियों की गणना करना नहीं था। वे मानव समाज को उन परिस्थितियों से बाहर निकालना चाहते थे जिनमें मनुष्य की जरूरतों की संतुष्टि को पूँजी के उत्पादन के अधीन कर दिया गया था।

किताब के तकरीबन अंत में मेजारोस ने लिखा है कि वर्तमान दौर समाजवाद के लिए रक्षात्मक की बजाए आक्रामक रणनीति का है। इस दौर

की शुरुआत की बात करते हुए इसे वे पूँजी के संरचनागत संकट से जोड़ते हैं और इस संकट के लक्षण गिनाते हुए बताते हैं कि (1) यह सार्वभौमिक है, उत्पादन की किसी विशेष शाखा तक महदूद नहीं है; (2) इसका प्रभाव क्षेत्र सचमुच भूमंडलीय है, किसी देश विशेष तक सीमित नहीं है; (3) यह दीर्घकालीन, निरंतर, स्थायी है, पहले के संकटों की तरह चक्रीय नहीं है; और (4) इसका प्रकटीकरण रेंगने की गति से हो रहा है, नाटकीय विस्फोट या भहराव की तरह नहीं। इसकी शुरुआत 1960 दशक के अंत से मानते हुए वे तीन घटनाओं का उल्लेख करते हैं जिनमें यह संकट फूट पड़ा था– (1) वियतनाम युद्ध में पराजय के साथ अमेरिकी प्रत्यक्ष आक्रामक दखलंदाजी का खात्मा। (2) मई 1968 में फ्रांस और अन्य विकसित पूँजीवादी केंद्रों में लोगों का व्यवस्था के प्रति विक्षोभ का प्रकट होना। (3) चेकोस्लोवाकिया और पोलैंड जैसे उत्तर औद्योगिक मुल्कों में सुधार की कोशिशों का दमन जिनके जरिए पूँजी के संरचनागत संकट की संपूर्णता का अंदाजा लगा। मेजारोस का कहना है कि इन घटनाओं के जरिए उन परिघटनाओं का पता चलता है जो तब से आज तक की तमाम घटनाओं के पीछे कार्यरत रही हैं और वे हैं– (1) 'महानगरीय' या विकसित पूँजीवादी देशों के अल्पविकसित देशों के साथ शोषण के संबंध एकतरफा तौर पर निर्धारित होने की बजाए परस्पर निर्भरता से संचालित होने लगे। (2) पश्चिमी पूँजीवादी देशों के अंदरूनी और आपसी अंतर्विरोधों और समस्याओं का उभार तेज हो गया। (3) 'वस्तुतः मौजूद समाजवाद' के उत्तर औद्योगिक देशों और समाजों के संकट आपसी विवादों के जरिए प्रकट होने लगे।

समाजवादी आक्रामकता के दौर की राजनीतिक कार्यवाही के लिहाज से वे कहते हैं कि अर्थतंत्र की पुनर्संरचना तक अपने आपको सीमित रखने की रणनीति पर दोबारा सोचना चाहिए और उसकी जगह वर्तमान संदर्भ में राजनीति के क्रांतिकारी पुनर्गठन के कार्यभार पर बल देना चाहिए। इस लिहाज से गैर-संसदीय कार्यवाही का अपार महत्व है। सच्ची समाजवादी आर्थिक पुनर्संरचना की अनिवार्य पूर्वशर्त राजनीति का जनोन्मुखी पुनर्गठन है।

मेजारोस का कहना है कि मार्क्स ने पूँजी के दो मूल्य बताए थे– उपयोग मूल्य और विनिमय मूल्य। पूँजीवाद असल में विनिमय मूल्य की प्रभुता से जुड़ा हुआ है। चूंकि मनुष्य की जरूरतें उपयोग मूल्य से जुड़ी हुई हैं इसलिए लेन

देन के क्षेत्र में उपयोग मूल्य के विस्तार से पूँजीवाद कमजोर होता है। इसी तत्व को लेबोविट्ज लैटिन अमेरिकी देशों के समाजवादी प्रयोगों में फलीभूत होता हुआ पाते हैं और इसी को वे 21वीं सदी के समाजवाद की संज्ञा देते हैं जो बीसवीं सदी के प्रयोगों से भिन्न है। यही तर्क बहुत कुछ जिजैक का भी है जो अकुपाई वाल स्ट्रीट आंदोलन के बाद खासे चर्चित हुए हैं। वे पूँजी के वर्तमान संकट का कारण विनियम मूल्य की बेलगाम बढ़ोत्तरी में देखते हैं।

ऊपर के विवरण से स्पष्ट है कि रणधीर सिंह द्वारा अपनी किताब मेजारोस को समर्पित करने के बावजूद मेजारोस से उनके सैद्धांतिक विरोध सतही नहीं बल्कि बहुत कुछ बुनियादी हैं। इसकी जड़ दोनों के अनुभव की दुनिया अलग होने में निहित है। रणधीर सिंह तीसरी दुनिया के एक देश में समाजवादी आंदोलन के विकास से जुड़े हुए हैं और यह चीज उनकी सैद्धांतिकी को ठोस जमीन देती है जबकि मेजारोस के लेखन में अमेरिका में उनकी रिहायश और 1956 में हंगरी पर सोवियत हमले की अनुगूँजें सुनी जा सकती हैं।

मेजारोस की दूसरी महत्वपूर्ण किताब *'द चैलेंज एंड बर्डेन आफ हिस्टारिकल टाइम'* मंथली रिव्यू प्रेस से 2008 में छपी और भारत में इसका प्रकाशन 2009 में आकार बुक्स ने किया। इस किताब का उपशीर्षक *'सोशलिज्म इन ट्वेंटी फर्स्ट सेंचुरी'* है। इस किताब की भूमिका जान बेलामी फास्टर ने लिखी है जिसमें वे बताते हैं कि मेजारोस की सैद्धांतिक अंतर्दृष्टि आज लैटिन अमेरिकी देशों में जारी परिवर्तन के नायकों की वजह से एक भौतिक शक्ति में बदल चुकी है। वेनेजुएला के राष्ट्रपति ह्यूगो शावेज द्वारा उनकी खुलेआम प्रशंसा को अनेक अखबारों और पत्रिकाओं ने प्रमुखता से प्रकाशित किया। मेजारोस प्रसिद्ध मार्क्सवादी चिंतक जार्ज लुकाच के शिष्य रहे। 1956 में रूसी आक्रमण के बाद उन्होंने हंगरी छोड़ दिया और अमेरिका में दर्शन के प्रोफेसर बने और मार्क्स, लुकाच और सार्त्र पर किताबें लिखीं। 1971 के इर्द गिर्द उन्होंने पूँजी के वैश्विक संकट का सवाल उठाया तथा दर्शन संबंधी काम को किनारे करके इस विषय पर लिखना शुरू किया। फास्टर ने उनके सैद्धांतिक अवदान की चर्चा करते हुए उनके द्वारा प्रयुक्त पदों की नवीनता का जिक्र किया है। उनमें से कुछेक का जिक्र हम पहले कर चुके हैं। एक अन्य धारणा 'पूँजी की चरम सीमाओं की सक्रियता' है जो वर्तमान संकट का बड़ा कारण है। वे मेजारोस द्वारा सोवियत संघ को उत्तर पूँजीवादी समाज मानने को भी उनका

योगदान मानते हैं जो पूँजी की संपूर्ण व्यवस्था को खत्म न कर सका। ध्यातव्य है कि मेजारोस ऐसा किसी जिम्मेदारी से पीछा छुड़ाने के लिए नहीं बल्कि बेहतर समाजवाद के निर्माण का कार्यभार स्पष्ट करने के लिए करते हैं। फास्टर उनका यह योगदान भी स्वीकार करते हैं कि मेजारोस पूँजी के पूरी तरह से खात्मे की ऐतिहासिक स्थितियों का विवरण देते हैं और सामाजिक अवयव के नियंत्रण की वैकल्पिक व्यवस्था प्रस्तावित करते हैं जिसकी जड़ें सारवान समानता में होंगी। भूमिका में मेजारोस की किताब *'बीयांड कैपिटल'* को मार्क्सीय आलोचना का फलक चौड़ा करने वाला कहा गया है क्योंकि इसमें मानव मुक्ति की मजबूत स्त्रीवादी और पर्यावरणिक धारणाओं को पूँजी की सत्ता के निषेध का अविभाज्य घटक बनाया गया है।

11

डेविड हार्वे द्वारा '*पूँजी*' का अध्ययन

2010 में वर्सो द्वारा प्रकाशित डेविड हार्वे की किताब '*ए कम्पैनियन टु मार्क्स' कैपिटल*' का जिक्र किए बगैर यह प्रबंध अधूरा ही रहेगा। डेविड हार्वे मूलतः भूगोलवेत्ता हैं और शहरों पर अपने अध्ययन के क्रम में वे सामाजिक विषयों की ओर आए और फिर मार्क्सवाद का व्यवस्थित अध्ययन किया। रुचिपूर्वक वे हरेक साल मार्क्स की '*पूँजी*' पर अनौपचारिक व्याख्यान देते रहे। यह किताब विद्यार्थियों के लिए '*पूँजी*' पर दिए गए उनके व्याख्यानों का सुसंपादित संकलन है। किताब में '*पूँजी*' के सिर्फ पहले खंड का सांगोपांग अध्ययन किया गया है शायद इसके पीछे यह आग्रह भी रहा हो कि मार्क्स चूँकि पहला खंड ही अपने जीवन में पूरा कर सके थे इसलिए उसी में उनकी अंतर्दृष्टि सबसे प्रामाणिक रूप से व्यक्त हुई होगी। अपनी किताब को वे महज कंपैनियन इसलिए भी कहते हैं क्योंकि उनका मकसद मूल पुस्तक पढ़ने में विद्यार्थियों की रुचि जगाना था। लेखक की कोशिश अति सरलीकरण से बचते हुए पुस्तक को सुबोध बनाना है इसीलिए लेखक ने व्याख्या संबंधी विवादों को छोड़ दिया है। लेकिन ऐसा भी नहीं कि यह कोई निस्संग व्याख्या है बल्कि विभिन्न तरह के लोगों को लगभग चालीस बरस तक समझाने के क्रम में उपजी है। लेखक ने शुरुआत माल और विनिमय संबंधी पहले अध्याय से की है। लेखक हमारा ध्यान सबसे पहले प्रथम वाक्य की ओर खींचते हैं और बताते हैं कि इस वाक्य में दो बार 'प्रकट' आता है। एक बार यह कि जिन समाजों में पूँजीवादी उत्पादन प्रणाली व्याप्त है वहाँ सामाजिक संपदा 'मालों के विशाल संचय के रूप में प्रकट होती है' और दूसरी बार यह कि 'एक माल उसके प्राथमिक रूप के बतौर प्रकट होता है।' लेखक इस बात पर जोर देते हैं कि 'प्रकट' होना और 'होना' एक ही नहीं है। यह शब्द मार्क्स की

पूरी किताब में अनेक बार आया है जिसका मतलब है कि उनके मुताबिक जो ऊपर से दिखाई दे रहा है उसके नीचे कुछ चल रहा है जो असली है। दूसरी बात यह कि मार्क्स सिर्फ पूँजीवादी उत्पादन प्रणाली पर विचार करना चाहते हैं। ये दोनों बातें आगे की बातों को समझने के लिए ध्यान में रखना जरूरी है। माल से बात शुरू करने का लाभ यह है कि सभी लोग उसके संपर्क में रोज आते हैं।

मार्क्स की *'पूँजी'* ऐसी किताब है जिसमें दार्शनिकों, अर्थशास्त्रियों, नृतत्वशास्त्रियों, पत्रकारों और राजनीति वैज्ञानिकों के साथ ही तमाम साहित्यकार, परीकथाएँ और मिथक आते रहते हैं। किताब के रूप में इसे पढ़ना अलग तरह का अनुभव है क्योंकि खंडित उद्धरणों से वृहत्तर तर्क के भीतर उनकी अवस्थिति समझ में नहीं आती। सभी तरह के अनुशासनों में दीक्षित लोग इससे भिन्न अर्थ निकालते हैं क्योंकि यह इतने भिन्न किस्म के स्रोतों की ओर आपका ध्यान ले जाती है। इन स्रोतों को मार्क्स आलोचनात्मक विश्लेषण की धारा से जोड़ते हैं। आलोचनात्मक विश्लेषण का अर्थ पहले के सोच विचार को एकत्र कर उसे नए ज्ञान में बदल देना है। इस किताब में जो धाराएँ मौजूद हैं वे हैं सत्रहवीं से उन्नीसवीं सदी तक मुख्य रूप से इंग्लैंड में विकसित राजनीतिक अर्थशास्त्र की धारा, दार्शनिक गवेषणा की धारा जो ग्रीक दार्शनिकों से शुरू होकर हेगेल तक आती है और इन्हीं के साथ तीसरी धारा काल्पनिक समाजवादियों की धारा है।

मार्क्स अपनी किताब की समस्याओं के प्रति सचेत थे और भूमिकाओं में उन्होंने इनकी चर्चा की। फ्रांसिसी संस्करण की भूमिका में उन्होंने स्वीकार किया कि अगर इसे धारावाहिक रूप से छापा जाए तो मजदूर वर्ग के लिए अच्छा होगा लेकिन उन्होंने सावधान भी किया कि इससे पुस्तक की समग्रता को एकबारगी ग्रहण करने में असुविधा होगी। इस किताब में मार्क्स का मकसद राजनीतिक अर्थशास्त्र की आलोचना के जरिए पूँजीवाद की कार्यपद्धति को उद्घाटित करना था। इस लिहाज से उन्होंने दूसरे संस्करण की भूमिका में लिखा कि 'प्रस्तुति का रूप गवेषणा की पद्धति से अलग होना ही चाहिए। गवेषणा के दौरान विस्तार से सामग्री एकत्र करके उसके विकास के अलग अलग रूपों का विश्लेषण किया जाता है, उनके आपसी संबंधों की छानबीन की जाती है। इस काम के खत्म होने के बाद ही उस विकास की प्रस्तुति

संभव होती है।' मार्क्स की गवेषणा में यथार्थ की अनुभूति तथा उस अनुभूति का राजनीतिक अर्थशास्त्रियों, दार्शनिकों और उपन्यासकारों द्वारा वर्णन आता है। इसके बाद वे समस्त सामग्री की गहन आलोचना करते हैं ताकि उस यथार्थ की कार्यपद्धति को स्पष्ट करने वाली कुछ सरल किंतु जोरदार धारणाओं को खोज सकें। आम तौर पर मार्क्स किसी परिघटना को समझने के लिए गहरी धारणाओं के निर्माण के लिए उनके सतही आभास के विश्लेषण से शुरुआत करते हैं। इसके बाद सतह के नीचे उतरकर असल में कार्यरत शक्तियों को उद्‌घाटित करते हैं।

मार्क्स की इस किताब को पढ़ते हुए उनकी धारणाओं को लेकर पहले उलझन होती है कि आखिर ये धारणाएँ आ कहाँ से रही हैं लेकिन धीरे धीरे आप मूल्य और वस्तु पूजा जैसी धारणाओं को समझना शुरू कर देते हैं। दिक्कत यह है कि किताब के खत्म होने पर पूरा तर्क समझ में आता है इसीलिए लेखक का सुझाव है कि एक बार आद्यंत खत्म कर लेने के बाद दोबारा पढ़ने से यह किताब मजा देती है। खासकर शुरू के तीन अध्याय तो बिना कुछ समझ में आए ही बीत जाते हैं। इसके बाद के अध्यायों में ही पता चलता है कि उनके द्वारा निर्मित धारणाओं का उपयोग क्या है।

मार्क्स माल की धारणा से शुरू करते हैं। उनके लेखन को देखते हुए उम्मीद बनती है कि बात वर्ग संघर्ष से शुरू होनी चाहिए थी लेकिन तीन सौ पन्नों से पहले इस तरह की कोई बात ही नहीं शुरू होती। या फिर मुद्रा से ही शुरू करते। खुद मार्क्स पहले मुद्रा से ही शुरू करना चाहते थे लेकिन अध्ययन के बाद उन्हें लगा कि पहले मुद्रा की व्याख्या करना जरूरी है। श्रम से भी तो शुरू कर सकते थे? कुछ कागजों से पता चलता है कि बीस तीस सालों तक वे इस समस्या से जूझते रहे थे कि शुरू कहाँ से करें। अंत में उन्होंने माल से शुरू किया और इसकी कोई वजह भी नहीं बताई है। मार्क्स ने जिस धारणात्मक औजार का निर्माण किया है वह सिर्फ '*पूँजी*' के पहले खंड के लिए नहीं बल्कि अपने समूचे विश्लेषण के लिए बनाया है।

अगर आप पूँजीवादी उत्पादन पद्धति को समझना चाहते हैं तो तीनों खंड देखने होंगे और फिर भी एक बात ध्यान में रखनी होगी कि जितनी बातें उनके दिमाग में थीं उनका महज आठवाँ हिस्सा ही वे लिख सके थे। अपनी किताब की पूरी योजना उन्होंने कुछ इस तरह बनाई थी– (1) सामान्य, अमूर्त

निर्धारक जो कमोबेश सभी सामाजिक रूपों में लागू होते हैं; (2) वे कोटियाँ जो बुर्जुआ समाज की आंतरिक संरचना की बनावट हैं और जिन पर बुनियादी वर्ग आधारित हैं। पूँजी, पगारजीवी श्रम, भू संपदा। उनका अंतस्संबंध। शहर और देहात। तीन बड़े सामाजिक वर्ग। उनके बीच लेन देन। वितरण। उधारी व्यवस्था (निजी)। राज्य के रूप में बुर्जुआ समाज का संकेंद्रण। उसका अपने साथ संबंध। 'अनुत्पादक' वर्ग। कराधान। सरकारी कर्ज। सार्वजनिक उधारी। जनसंख्या। उपनिवेश। उत्प्रवास; (3) उत्पादन का अंतर्राष्ट्रीय संबंध। अंतर्राष्ट्रीय श्रम विभाजन। अंतर्राष्ट्रीय विनिमय। निर्यात और आयात। विनिमय की दर; (4) विश्व बाजार और संकट। मार्क्स अपनी इस परियोजना को पूरा नहीं कर सके। इनमें से ज्यादातर की समझदारी पूँजीवादी उत्पादन को समझने के लिए बेहद जरूरी है। आप देख सकते हैं कि किताब के पहले खंड में मार्क्स पूँजीवादी उत्पादन पद्धति को सिर्फ उत्पादन के नजरिए से समझते हैं। दूसरे खंड (अपूर्ण) में विनिमय संबंधों का परिप्रेक्ष्य अपनाया गया है। तीसरे खंड (अपूर्ण) में पूँजीवाद के बुनियादी अंतर्विरोधों के उत्पाद के बतौर प्रथमतः संकट-निर्माण पर ध्यान केंद्रित किया गया है। उसके बाद ब्याज, वित्त पूँजी पर मुनाफा, जमीन का किराया, व्यापारिक पूँजी पर मुनाफा, कराधान आदि के रूप में अधिशेष के वितरण पर विचार किया गया है।

मार्क्स की पद्धति द्वंद्ववादी थी जिसे उनके मुताबिक आर्थिक मुद्दों पर पहले लागू नहीं किया गया था। अब दिक्कत यह है कि अगर आप किसी खास अनुशासन में गहरे धँसे हुए हैं तो संभावना ज्यादा इस बात की है कि द्वंद्ववादी पद्धति का इस्तेमाल आपके लिए मुश्किल होगा। द्वंद्ववाद के मुताबिक प्रत्येक वस्तु गति में होती है। मार्क्स भी महज श्रम की नहीं बल्कि श्रम की प्रक्रिया की बात करते हैं। पूँजी भी कोई स्थिर वस्तु नहीं बल्कि गतिमान प्रक्रिया है। जब वितरण रुक जाता है तो मूल्य गायब हो जाता है और पूरी व्यवस्था भहरा जाती है। उनकी किताब में अक्सर वस्तुओं की बजाए उनके आपसी संबंधों का जिक्र दिखाई पड़ता है। आज की तारीख में *'पूँजी'* के अध्ययन की एक और समस्या है। पिछले तीस सालों से जो नव-उदारवादी प्रतिक्रांतिकारी धारा विश्व पूँजीवाद के क्षेत्र में प्रबल रही है उसने उन स्थितियों को और मजबूत किया है जिन्हें मार्क्स ने 1850-60 के दशक में इंग्लैंड में विखंडित किया था।

बात दोबारा माल से ही शुरू करते हैं। मालों का व्यापार बाजार में होता है। सवाल खड़ा होता है कि आखिर यह आर्थिक लेन देन कैसा है। माल मनुष्य के किसी न किसी अभाव, जरूरत या इच्छा को पूरा करता है। यह हमसे बाहर मौजूद कोई वस्तु होती है जिसे हम अधिग्रहित करते और अपनाते हैं। मार्क्स तुरंत ही घोषित करते हैं कि उन्हें उन जरूरतों की प्रकृति से कोई लेना देना नहीं, उन्हें इससे भी कोई मतलब नहीं कि ये पेट से उपजती हैं या दिमाग से। उन्हें सिर्फ इससे मतलब है कि लोग उन्हें खरीदते हैं और इस काम का रिश्ता इस बात से है कि लोग जिंदा कैसे रहते हैं। अब माल तो लाखों हैं जिन्हें मात्रा या गुण के हिसाब से हजारों तरह से वर्गीकृत किया जा सकता है। लेकिन वे इस विविधता को एक किनारे धकेलकर उनको उनके सामान्य गुण में बदलते हैं जिसे वे उपयोगिता के बतौर व्याख्यायित करते हैं। वस्तु का यह 'उपयोग मूल्य' उनके समूचे चिंतन में बेहद महत्वपूर्ण भूमिका निभाता है। मार्क्स ने कहा था कि सामाजिक विज्ञानों में प्रयोगशाला की सुविधा न होने से हमें अमूर्तन का सहारा लेना पड़ता है। आप देख सकते हैं कि कैसे भिन्न भिन्न वस्तुओं के भीतर से उन्होंने अमूर्तन के जरिए 'उपयोग मूल्य' प्राप्त किया। लेकिन जिस तरह के समाज का वर्णन मार्क्स कर रहे थे यानी पूँजीवादी समाज उसमें माल, विनिमय मूल्य के भी भौतिक वाहक होते हैं। हार्वे हमसे वाहक शब्द पर गौर करने को कहते हैं क्योंकि किसी चीज का वाहक होना और वही चीज होने में फर्क है। अब मार्क्स एक नई धारणा से हमारा परिचय कराना चाहते हैं।

जब हम बाजार में विनिमय की प्रक्रिया को देखते हैं तो नाना वस्तुओं के बीच विनिमय की नाना दरें और देश काल की भिन्नता होने से एक ही वस्तु की अलग अलग विनिमय दरें दिखाई पड़ती हैं। इसलिए पहली नजर में लगता है कि विनिमय दरें कुछ कुछ सांयोगिक और शुद्ध रूप से सापेक्षिक हैं। इससे प्रकट होता है कि अंतर्निहित मूल्य, यानी ऐसा विनिमय मूल्य जो वस्तु के साथ अभेद्य रूप से जुड़ा हुआ, उसमें अंतर्निहित हो यह विचार ही आत्म-विरोधी होता है। यहाँ आकर वे कहते हैं कि भिन्न भिन्न वस्तुओं में आपसी विनिमय के लिए जरूरी है कि वे किसी अन्य वस्तु से तुलनीय हों। 'उपयोग मूल्य के रूप में वस्तुएँ एक दूसरे से गुणात्मक तौर पर अलग होती हैं जबकि विनिमय मूल्य के रूप में उनमें सिर्फ मात्रा का भेद हो सकता है

और उपयोग मूल्य का एक कण भी बचा नहीं रहता।' वस्तुओं की विनिमेयता उनके उपयोग मूल्य पर निर्भर नहीं होती। अब उस तीसरे तत्व का प्रवेश होता है जो इन वस्तुओं के बीच साझा है और वह है कि ये सभी श्रम का उत्पाद हैं। मतलब सभी वस्तुएँ अपने उत्पादन में लगे मानव श्रम का वाहक होती हैं। इसके बाद मार्क्स पूछते हैं कि आखिर किस तरह का श्रम उनमें साकार हुआ है। यह ठोस-श्रम यानी श्रम-काल तो हो नहीं सकता क्योंकि तब वही वस्तु अधिक कीमती होगी जिसके उत्पादन में ज्यादा समय लगेगा। लोग फिर उस वस्तु को खरीदेंगे जिसे कम समय में बनाया गया होगा। इस समस्या को हल करने के लिए वे मानव श्रम का भी अमूर्तन करते हैं। मूल्य फिर क्या हुआ? माल में 'साकार-या-वस्तूकृत- अमूर्त मानव श्रम।' तो यह अमूर्त मानव श्रम है श्रम-शक्ति अर्थात समाज की समूची श्रम-शक्ति जो मालों की दुनिया में साकार होती है।

इस धारणा में वैश्विक पूँजीवाद की धारणा शामिल है जिसको उन्होंने कम्युनिस्ट पार्टी का घोषणापत्र में पूरी तरह से उद्घाटित किया था। आज का वैश्वीकरण तो उनके समय नहीं था लेकिन वे पूँजीवादी उत्पादन पद्धति की विश्वव्यापी उपस्थिति को भविष्य में साकार होता देख रहे थे। इसी के आधार पर उन्होंने मूल्य को सामाजिक रूप से अनिवार्य श्रम-काल के बतौर परिभाषित किया। जिन्होंने रिकार्डो का लेखन देखा है वे समझेंगे कि मार्क्स सामाजिक रूप से अनिवार्य श्रम-काल की धारणा के अलावे ज्यादातर उन्हीं का अनुसरण कर रहे थे लेकिन यह छोटी सी बात बहुत बड़ा फर्क पैदा कर देती है क्योंकि तुरंत ही सवाल पैदा होता है कि सामाजिक रूप से अनिवार्य क्या है और उसे तय कौन करता है। मार्क्स इसका कोई जवाब तो नहीं देते लेकिन पूरी किताब में यह विषय समाया हुआ है। पूँजीवादी उत्पादन पद्धति में आखिर कौन सी सामाजिक अनिवार्यताएँ नत्थी हैं? यह हार्वे को बड़ा सवाल लगता है और अनिवार्यताओं के विकल्प खोजने के लिए प्रेरित करता है। मूल्य स्थिर नहीं होता बल्कि तकनीक और उत्पादकता में क्रांति होने पर वे बदलते रहते हैं।

तकनीक और उत्पादकता के साथ ही वे अन्य कारकों की चर्चा भी करते हैं। इसमें शामिल हैं 'मजदूरों के कौशल का औसत स्तर, विज्ञान के विकास और उसके तकनीकी प्रयोग का स्तर, उत्पादन प्रक्रिया का सामाजिक

संगठन, उत्पादन के साधनों का विस्तार और प्रभाव तथा प्राकृतिक पर्यावरण की स्थितियाँ।' इनकी गणना करना मार्क्स का मकसद नहीं है बल्कि वे महज इस तथ्य पर जोर देना चाहते हैं कि वस्तु का मूल्य स्थिर नहीं होता वरन अनेक कारकों से प्रभावित होता रहता है।

यहाँ आकर मार्क्स के तर्क में एक पेंच पैदा होता है। वे उपयोग मूल्य की ओर दोबारा लौटते हैं और कहते हैं कि 'मूल्य बने बगैर भी कोई वस्तु उपयोग मूल्य हो सकती है।' हम साँस लेते हैं लेकिन हवा को बोतल में बंद कर अब तक उसे खरीद-बेच नहीं सके हैं। वे यह भी जोड़ते हैं कि 'माल बने बगैर भी मानव श्रम का कोई उत्पाद उपयोगी हो सकता है।' घरेलू अर्थतंत्र में बहुत कुछ माल उत्पादन से बाहर उत्पादित किया जाता है। इसलिए पूँजीवादी उत्पादन पद्धति में सिर्फ उपयोग मूल्य नहीं बल्कि दूसरों के लिए उपयोग मूल्य का उत्पादित होना जरूरी है जिसे बाजार की मार्फत दूसरों तक पहुँचना होता है। मतलब कि माल में उपयोग मूल्य और विनिमय मूल्य होते हैं लेकिन विनिमय मूल्य में निहित 'मूल्य' के साकार होने के लिए उसमें उपयोग मूल्य का होना जरूरी है।

मार्क्स के इस ग्रंथ के शुरुआती कुछेक पन्नों के इस विश्लेषण से ही मार्क्स की चिंता और पद्धति का आभास मिल जाता है।

12

बढ़ता दबदबा

टेरी ईगलटन की किताब *'व्हाई मार्क्स वाज राइट'* येल यूनिवर्सिटी से 2011 में प्रकाशित हुई। पुस्तक का प्रारूप लोकप्रिय किस्म का है और लेखक का इरादा भी आम तौर पर मार्क्सवाद के बारे में प्रचारित भ्रमों का बहुत ही सरल सहज भाषा में खंडन और निराकरण है। भूमिका में ईगलटन लिखते हैं कि पूरी किताब एक झटके में इस सवाल के इर्द गिर्द लिखी गई कि अगर मार्क्सवाद पर लगाए गए सारे आरोप गलत निकले तो? लेकिन लेखक में मार्क्स के प्रति कोई व्यर्थ श्रद्धाभाव नहीं है। हम सभी जानते हैं कि उन्होंने मार्क्सवाद से शुरू तो किया लेकिन फिर पश्चिम में जो भी वैचारिकी चली उसके साथ हेल मेल भी किया। उनकी यह किताब भी मार्क्सवाद के बढ़ते हुए प्रभाव का सूचक है।

ईगलटन सबसे पहले इस सामान्य और बहुप्रचलित आपत्ति पर विचार करते हैं कि मार्क्सवाद औद्योगिक पूँजीवादी समाज की समस्याओं से जुड़ा हुआ था लेकिन अब दुनिया बदल चुकी है इसलिए इस उत्तर औद्योगिक दुनिया में मार्क्सवाद की प्रासंगिकता समाप्त हो गई है। जवाब देते हुए वे कहते हैं कि अगर ऐसा हो जाए तो मार्क्सवादियों से अधिक कोई भी खुश नहीं होगा। मार्क्सवाद तो बहुत कुछ चिकित्सा के पेशे की तरह है जिसका मकसद अपनी ही जरूरत को खत्म करना है। मार्क्सवाद को तभी तक रहना है जब तक उसका विरोधी अर्थात पूँजीवाद है। उनका कहना है कि आज पूँजीवाद खत्म होने की बजाए और भी आक्रामक होकर सामने आया है। जहाँ तक पूँजीवाद का रूप बदलने की बात है तो मार्क्स भी इस बात को जानते थे कि यह अत्यंत परिवर्तनशील है। मार्क्सवाद ने ही इसके अलग अलग रूपों- व्यापारी, खेतिहर, औद्योगिक, इजारेदार, महाजनी- आदि को पहचाना और

अलगाया था। जो पूँजीवाद आज अधिकाधिक अपने शुरुआती रूप में लौटता जा रहा है उसी के समर्थक इसे बदलाव साबित करने पर तुले हुए हैं। हुआ दरअसल यह है कि 70 और 80 के दशक में पूँजीवाद ने अपना रूप बदला था और पारंपरिक औद्योगिक उत्पादन की जगह उपभोक्तावाद, संचार, सूचना प्रौद्योगिकी और सेवा क्षेत्र की उत्तर औद्योगिक संस्कृति सामने आई। लेकिन मार्क्सवादियों के पीछे हटने या पाला बदलने का कारण पूँजीवाद के रूप का बदलाव नहीं बल्कि उसके खात्मे की कल्पित असंभाव्यता थी। उनका कहना है कि आज के पूँजीवाद की आक्रामकता का कारण पूँजी की दुश्चिंता है। उसमें यह आक्रामकता आत्मविश्वास के कारण नहीं आई है बल्कि यह पूंजी की भयजनित प्रतिक्रिया है। इसके पीछे का कारण दूसरे विश्व युद्ध के बाद आए उछाल का खत्म होना है। इसी भय के कारण पूँजी हलका सा भी विरोध बर्दाश्त नहीं कर पा रही है। पूँजी की इस नई आक्रामकता के साथ वाम की निराशा ही मार्क्सवाद के अप्रासंगिक होने की घोषणाओं का मूल कारण है। आज की तारीख में मार्क्सवाद को बीते समय की बात कहना ऐसे ही है जैसे आग लगाने वालों की ताकत का मुकाबला न कर पाने के कारण आग बुझाने की व्यवस्था को बेकार कह देना।

इसके बाद वे दूसरे आरोप की चर्चा करते हैं कि चलिए सिद्धांत तो ठीक है लेकिन मार्क्सवाद के व्यवहार ने बेकार की हिंसा को बढ़ावा दिया है। इसके उत्तर में वे आधुनिक समय के युद्धों की हिंसा को सामने रखकर बताते हैं कि उनके मुकाबले समाजवादी देशों की हिंसा कुछ भी नहीं रही है। जैसे पूँजीवाद तमाम खून खराबे के बावजूद अनेक सकारात्मक उपलब्धियों के लिए जाना जाता है वैसे ही समाजवादी समाजों की भी अपनी कमियों के बावजूद उल्लेखनीय उपलब्धियाँ रही हैं। सोवियत रूस में लोकतंत्र की कमी को उन परिस्थितियों में देखा जाना चाहिए जो क्रांति के तत्काल बाद पैदा हुईं। लेकिन समाजवाद ने इससे सीख भी ली है और पूँजीवाद की ताकत को पहचानते हुए बाजार समाजवाद जैसी चीज विकसित करने की कोशिशें जारी हैं। हालांकि उनकी खूबियों खामियों की चर्चा भी होती है लेकिन महत्वपूर्ण बात नई दिशा में आगे जाने का खुलापन है। इसके बाद विस्तार से वे इस तरह के प्रयोगों में लोकतंत्र की संभावना पर विचार करते हैं।

तीसरे आरोप की चर्चा करते हुए वे मार्क्सवाद को निर्धारणवादी साबित करने की कोशिश का जिक्र करते हैं। इसका उत्तर देते हुए वे बताते हैं कि मार्क्स की ज्यादातर मान्यताओं का उत्स उनसे पहले के चिंतकों में मौजूद है। वर्ग संघर्ष की धारणा के साथ उत्पादन संबंध को जोड़कर सामाजिक परिवर्तन का एक खाका प्रस्तुत करना उनका मौलिक योगदान कहा जा सकता है और इसी पर निर्धारणवाद का आरोप भी लगा है। लेकिन खुद मार्क्सवादियों ने इस पर सवाल उठाए हैं। इस मामले में द्वंद्वात्मकता पर जोर देने के बावजूद वे कुछ हद तक इस आरोप को स्वीकार करते हैं लेकिन दूसरे तरह से मार्क्स के सोचने को भी रेखांकित करते चलते हैं। उनका कहना है कि हालाँकि मार्क्स सामाजिक परिवर्तन में उत्पादक शक्तियों की प्रधान भूमिका देखते हैं लेकिन उत्पादन संबंधों की भूमिका को भी पूरी तरह खारिज नहीं करते। ईगलटन के मुताबिक मार्क्स अनेक मामलों में सामाजिक परिवर्तन की प्रक्रिया में सचेतन कारक के बतौर मनुष्य की पहचान भी कराते हैं। वे यह भी बताते हैं कि मार्क्स के तईं इतिहास एकरेखीय तरीके से नहीं आगे बढ़ता बल्कि उनके चिंतन में पर्याप्त जटिलता को समाहित करने की गुंजाइश है।

चौथे आरोप की चर्चा वे इस रूप में करते हैं कि मार्क्स के सपनों का साम्यवाद मनुष्य की प्रकृति को अनदेखा करके गढ़ा गया है। मनुष्य स्वार्थी, संग्रही, आक्रामक और स्पर्धा करने वाला प्राणी होता है। इस बात को भुलाकर मार्क्स साम्यवाद का सपना बुनते हैं। इस आरोप को ईगलटन सिरे से खारिज करते हैं और बताते हैं कि असल में तो मार्क्स पर यह आरोप ज्यादा सही होगा कि वे भविष्य की कोई समग्र रूपरेखा नहीं खींचते। भविष्य को लेकर अटकल न लगाने की मार्क्स की आदत के पीछे ईगलटन एक सचेत कोशिश देखते हैं और वह यह कि ऐसा करने से वर्तमान में करणीय के प्रति उत्साह खत्म हो जाएगा। वे कहते हैं कि भविष्यकथन मार्क्सवादियों का नहीं पूँजीवाद के समर्थकों का पेशा है जो आपके धन की सुरक्षा की गारंटी लिए फिरते हैं। असल में मार्क्स के जमाने में ढेर सारे लोग भविष्य के प्रति अगाध आशा से भरी भविष्यवाणी किया करते थे क्योंकि उन्हें लगता था कि दुनिया को तर्क की ताकत से बदला जा सकता है लेकिन मार्क्स के लिए यह काम वर्तमान के ठोस संघर्षों के जरिए होना था। वे मानते थे कि वर्तमान में ही

वे शक्तियाँ होती हैं जो भ्रविष्य का निर्माण करती हैं। मजदूर आंदोलन का काम उन शक्तियों को मुक्त करना है।

पाँचवें आरोप की चर्चा करते हुए वे मार्क्सवाद द्वारा हरेक समस्या को आर्थिक साबित करने के आरोप का उल्लेख करते हैं। मार्क्स के विरोधी कहते हैं कि कला, धर्म, राजनीति, कानून, नैतिकता, युद्ध आदि को अर्थिक व्यवस्था का प्रतिबिंब माना गया है और इस तरह मार्क्स जिस पूँजीवाद का विरोध कर रहे थे उसी के तर्क से ग्रस्त दिखाई पड़ते हैं। इसके बारे में जवाब देते हुए ईगलटन कहते हैं कि आर्थिक पहलू तो इतना स्पष्ट है कि कोई इसमें कैसे संदेह कर सकता है! कुछ भी करने से पहले मनुष्य को खाना-पीना होता है। *'जर्मन आइडियोलाजी'* में मार्क्स लिखते हैं कि पहला ऐतिहासिक कार्य हमारी भौतिक जरूरतों को पूरा करने के साधनों का उत्पादन है, इसके बाद ही कोई और काम किया जा सकता है। संस्कृति का आधार श्रम है। भौतिक उत्पादन के बिना कोई सभ्यता संभव नहीं। लेकिन मार्क्सवाद इतना ही नहीं है। वह कहता है कि इसी से अंततः सभ्यता का स्वभाव तय होता है। वैसे भी मार्क्स के विरोधी इससे इनकार नहीं करते बस वे अपघटन पर आपत्ति प्रकट करते हैं। वे निर्धारकों की बहुलता पर जोर देते हैं। लेकिन क्या इस बहुलता के भीतर किसी एक की प्रधानता नहीं होती? इसको मानने से कारकों की बहुलता खंडित नहीं होती। माना जा सकता है कि कोई परिघटना बहुत से कारकों का परिणाम होती है लेकिन उन सबको समान रूप से महत्वपूर्ण मान पाना मुश्किल है। आपत्ति असल में किसी एक की प्रधानता पर नहीं बल्कि प्रत्येक प्रसंग में एक ही कारक की प्रधानता पर है। इतिहास में पैटर्न की मौजूदगी से किसी को कैसे इनकार हो सकता है? मसलन यूँ ही तो नहीं हुआ कि फासीवाद एक ही समय समूचे यूरोप में उदित हुआ। यह सही नहीं कि मार्क्स के लिए इतिहास का महावृत्तांत प्रगति का है बल्कि अगर है भी तो तकलीफ और कष्ट का है। असल में मार्क्स के लेखन में अन्य तमाम चीजों को आर्थिक रूप में अपघटित नहीं किया गया है बल्कि राजनीति, संस्कृति, विचार, विज्ञान और सामाजिक अस्तित्व का स्वतंत्र इतिहास है, वे महज अर्थतंत्र की छायाएँ नहीं बल्कि उस पर भी प्रभाव डालने में समर्थ तत्व हैं। आधार और अधिरचना के बीच एकतरफा संपर्क नहीं होता बल्कि इनमें पारस्परिकता होती है। बात यह है कि मनुष्य जिस तरह अपने भौतिक

जीवन का उत्पादन करते हैं वह उनके द्वारा सृजित सांस्कृतिक, सामाजिक, राजनीतिक और कानूनी संस्थाओं का रूप तय करता है। इस प्रसंग में निर्धारित का अर्थ सीमा निश्चित करना है।

उत्पादन पद्धति सीधे खास तरह की राजनीति, संस्कृति या विचारधारा को पैदा नहीं करती, न ही एक ही तरह के विचारों को जन्म देती है। अगर ऐसा होता तो पूँजीवादी दौर में मार्क्सवाद का जन्म ही असंभव होता। यह कहना ठीक नहीं कि मार्क्स इतिहास की आर्थिक व्याख्या पेश करते हैं। इसके बजाए उनके अनुसार इतिहास की चालक शक्ति वर्ग और वर्ग संघर्ष हैं जो मार्क्स के लेखन में आर्थिक से ज्यादा सामाजिक कोटि हैं। मार्क्स सामाजिक उत्पादन संबंधों और सामाजिक क्रांति की बात करते हैं। सामाजिक कोटि के रूप में वर्ग के निर्धारण में रीति रिवाज, परंपरा, सामाजिक संस्थाएँ, मूल्य मान्यता और सोचने की आदतें शामिल हैं। वे राजनीतिक परिघटना भी हैं। मार्क्स के लेखन से यह भी संकेत मिलता है कि जिस वर्ग का कोई राजनीतिक प्रतिनिधित्व नहीं वह सही मायने में वर्ग ही नहीं है। वर्ग के वर्ग सचेत होने में कानूनी, सामाजिक, सांस्कृतिक और वैचारिक प्रक्रियाएँ मदद करती हैं। असल में तो मार्क्स की पूरी लड़ाई मनुष्य को महज आर्थिक बना देने वाली व्यवस्था से है। इसीलिए उनकी कल्पना के समाज में इतनी प्रचुरता होनी है कि मनुष्य को हर वक्त धन के बारे में न सोचना पड़े।

छठें आरोप को वे यह कहकर सूत्रबद्ध करते हैं कि विरोधियों के अनुसार मार्क्स परम भौतिकवादी थे। उनके लिए मानवता की आध्यात्मिक उपलब्धियों का कोई मूल्य नहीं था। धर्म को तो उन्होंने खारिज ही कर दिया था। इस तरह उनके चिंतन में ही स्तालिन अथवा परवर्ती कम्युनिस्ट शासकों के अत्याचारों के बीज निहित हैं। इसका उत्तर देते हुए ईगलटन कहते हैं कि मार्क्स इसके बारे में बहुत चिंतित नहीं थे कि दुनिया भौतिक तत्व से बनी है या आत्मा से। असल में तो वे मानते थे कि अमूर्त सरल और निर्गुण होता है जबकि ठोस समृद्ध और जटिल। अठारहवीं सदी के ज्ञानोदय के भौतिकवादी चिंतकों के लिए अलबत्ता मनुष्य भौतिक दुनिया का यांत्रिक हिस्सा था। मार्क्स इस तरह की सोच को छद्म चेतना मानते थे क्योंकि यह मनुष्यों को निष्क्रिय स्थिति में डाल देता था। उनके दिमाग खाली स्लेट समझे जाते थे जिन पर बाहरी दुनिया के इंद्रिय संवेदन की छाप पड़नी थी और इसी से उनकी वैचारिक दुनिया

का निर्माण होना था। मार्क्स ने इस किस्म के भौतिकवाद से नाता तोड़ा और नए किस्म का भौतिकवाद विकसित किया। उन्होंने मनुष्य को निष्क्रिय मानने वाले भौतिकवाद के मुकाबले उसे सक्रिय तत्व मानकर अपनी बात शुरू की। उनके मुताबिक मनुष्य अपने आस पास के वातावरण को बदलने के क्रम में खुद को भी बदलता जाता है। बहुसंख्यक लोगों की सामूहिक व्यावहारिक गतिविधि के जरिए ही हमारे जीवन को शासित करने वाले विचारों को बदला जा सकता है। मार्क्स के लिए हमारे चिंतन का विषय हमारी ही गतिविधि से बनी दुनिया है। उनके लिए मनुष्य का भौतिक अर्थात शरीर और उसका चिंतन उतने अलग नहीं थे। मनुष्य की यह विशेषता है कि उसमें भौतिक और आध्यात्मिक को अलगाना संभव नहीं। आखिर हमारा मस्तिष्क मांस का एक लोथड़ा भी है। मनुष्य की चेतना को समझने के लिए उसके सार्वजनिक व्यवहार के अलावा कोई दूसरा रास्ता नहीं होता।

सातवाँ संभव आरोप उनके मुताबिक यह हो सकता है कि वर्ग की कोटि बेहद पुरानी पड़ गई है। यहाँ तक कि मार्क्स ने जिस मजदूर वर्ग को क्रांति और समाजवाद का पुरस्कर्ता माना था उसका भी रूप इतना बदल चुका है कि मार्क्स की नजर से देखने पर आज वह पहचान में ही नहीं आता। इसके उत्तर में ईगलटन बताते हैं कि मार्क्सवाद वर्ग को महज शैली, हैसियत, आय, उच्चारण, पेशा आदि के आधार पर नहीं परिभाषित करता। आपका वर्ग इससे तय होता है कि किसी विशेष उत्पादन पद्धति में आप कहाँ खड़े हैं। मजदूर वर्ग के विलोप की कथा बहुत दिनों से सुनाई पड़ती रही है। वर्गों के संघटक तत्व हमेशा से बदलते रहे हैं। वैसे भी पूँजीवाद विरोधों को धूमिल करता है, पुराने विभाजनों को मिटाकर नए मिश्रित रूपों को जन्म देता है, सिर्फ शोषण के मामले में वह समानतावादी होता है। असल में समाजवाद से भी अधिक समता माल उत्पादन में होती है। मार्क्स इसी समरूपता के खिलाफ थे। आश्चर्य नहीं कि विकसित पूँजीवाद वर्गविहीनता का धोखा देता है हालाँकि सबको पता होता है कि स्वर्गों के बीच की खाई लगातार चौड़ी हो रही है। मार्क्स के लिए मजदूर वर्ग का महत्व यह था कि वह पूँजीवादी व्यवस्था के भीतर मौजूद होता है, उसकी कार्यपद्धति को अच्छी तरह समझता है, राजनीतिक रूप से कुशल और सचेत समूह के बतौर संगठित कर दिया गया होता है, उसके सफल संचालन के लिए अपरिहार्य होता है लेकिन उसे बरबाद करने में ही

उसका हित होता है। इसलिए वही उसे हस्तगत करके उसकी उपलब्धियों का सबके फायदे के लिए इस्तेमाल कर सकता है। मजदूर वर्ग में मार्क्स का यकीन लोकतंत्र के प्रति उनकी गहन निष्ठा से उपजा था। मजदूर वर्ग को वे सार्वभौमिक मुक्ति का नायक मानते थे। वर्ग पर मार्क्स का जोर वर्ग की समाप्ति के लिए है। लेकिन इस काम को मजदूर वर्ग अकेले नहीं कर सकता। उसे अन्य वर्गों के साथ संश्रय बनाना पड़ता है। ध्यान देने की बात है कि प्रोलेतारियत शब्द की उत्पत्ति लैटिन भाषा में ऐसी महिलाओं के लिए प्रयुक्त शब्द से हुई है जो संतान पैदा करके ही राज्य की सेवा करती थीं। आज भी वे ही सबसे अधिक उत्पीड़ित हैं। इसी मायने में डेविड हार्वे कहते हैं कि आज दुनिया में सर्वहारा की तादाद अभूतपूर्व रूप से बढ़ गई है। मार्क्स के लिए सर्वहारा का मतलब सभी ऐसे लोगों से था जो पूँजीपति के हाथों अपनी श्रमशक्ति बेचने के लिए मजबूर होते हैं। इसे ऐसे भी कह सकते हैं कि सर्वहारा वे हैं जिन्हें पूँजीवादी व्यवस्था के पतन से सबसे अधिक फायदा होता है। मजदूर वर्ग के खात्मे की घोषणा पहली बार नहीं हो रही है। सेवा, सूचना और संचार क्षेत्र के विस्तार को इसका लक्षण कहा जाता है लेकिन हम देख रहे हैं कि इनसे पूँजीवाद के बुनियादी चरित्र में कोई बदलाव आने की बजाए वह मजबूत ही हो रहा है।

उनके अनुसार मार्क्स पर आठवाँ आरोप हिंसा को बढ़ावा देने का लगाया जा सकता है। इसी अर्थ में मार्क्सवाद और लोकतंत्र में तालमेल बैठना असंभव बताया जाता है। सही है कि क्रांति का विचार ही हिंसा और अराजकता की तस्वीर पैदा करता है। इसके विरोध में समाज सुधार की कल्पना की जाती है जो शांतिपूर्ण और क्रमिक दिखाई पड़ता है लेकिन अनेक समाज सुधार आंदोलन भी हिंसक रहे हैं। उसी तरह अनेक क्रांतियाँ भी हिंसक नहीं रही हैं। हिंसा तो प्रतिरोध की तीव्रता के कारण होती है। मार्क्सवादियों की नजर में किसी क्रांति की गहराई का पैमाना हिंसा नहीं होता। राजनीतिक सत्ता पर कब्जे की कार्यवाही तात्कालिक मामला हो सकती है लेकिन क्रांति आम तौर पर दीर्घकालीन प्रक्रिया होती है जिसमें वैचारिक संघर्ष ज्यादा बड़ी भूमिका निभाता है।

मार्क्सवाद पर जिस नवें आरोप की कल्पना की जा सकती है वह यह कि वह कठोर राज्य की वकालत करता है। आशंका होती है कि

निजी संपत्ति को खत्म करने के बाद समाजवादी क्रांतिकारी तानाशाहों की तरह आचरण शुरू कर देंगे। वे लोगों की निजी स्वतंत्रता का अपहरण कर लेंगे। क्रांति के बाद स्थापित शासनों में ऐसा देखा भी गया है। इस विश्वास का कोई आधार नहीं है कि भविष्य में वे भिन्न व्यवहार करेंगे। उदार लोकतंत्र में खामियों के बावजूद वह तानाशाही से बेहतर है। उत्तर देते हुए ईगलटन कहते हैं कि मार्क्स तो राज्य के ही विरोधी थे। उन्होंने ऐसे समय का सपना देखा था जब राज्य का लोप हो जाएगा। मार्क्स के विरोधी उनके सपने की खिल्ली उड़ा सकते है लेकिन उन पर तानाशाही को प्रोत्साहित करने का आरोप नहीं लगा सकते। असल में उनका सपना पूरी तरह हवाई नहीं था। साम्यवादी समाज में केंद्रीय प्रशासन के अर्थों में राज्य के विलोप की बात उनके कथन का सही अर्थ नहीं प्रतीत होती। किसी भी आधुनिक जटिल संस्कृति में उसकी जरूरत रहेगी। वे तो राज्य के हिंसा के औजार के बतौर इस्तेमाल के विरोधी लगते हैं। *'कम्युनिस्ट पार्टी का घोषणापत्र'* में उन्होंने कहा कि साम्यवाद में सार्वजनिक सत्ता का चरित्र राजनीतिक नहीं रहेगा। मार्क्स के समय ढेर सारे अराजकतावादी लोग थे लेकिन उनसे अलग मार्क्स ने कहा कि शायद इसी ऊपर बताए गए अर्थ में राज्य ओझल हो जाएगा। गायब होगा सत्ता का वह अंग जो सामाजिक दमन और एक वर्ग पर दूसरे वर्ग के शासन का उपकरण है। राज्य को मार्क्स निस्संग नहीं समझते और मानते हैं कि सामाजिक हितों के टकराव में वह पक्षपात करता है। खासकर पूँजी और श्रम के टकराव में तो उसकी पक्षधरता खुलकर सामने आ जाती है। राज्य आम तौर पर प्रचलित सामाजिक व्यवस्था में बदलाव की कोशिशों के विरुद्ध उसे सुरक्षा प्रदान करता है। अगर सामाजिक व्यवस्था अन्यायपूर्ण है तो राज्य भी अन्याय का साथ देता है। राज्य के हिंसक होने में शायद ही किसी को संदेह होगा। मार्क्स तो बस यह बताते हैं कि यह हिंसा किसकी सेवा में की जाती है। मार्क्स राज्य के बारे में इस मिथक को ध्वस्त करना चाहते थे कि वह शांति और सहयोग को बढ़ावा देता है। राज्य को वे एक पृथक्कीकृत सत्ता मानते थे जो मनुष्य से अलग होकर उसके नाम पर उसके भाग्य का फैसला करती है। मार्क्स खुद लोकतंत्रवादी थे और इसी नाते राज्य के तानाशाही तरीके के विरोध में थे। वैसे भी संसदीय

लोकतंत्र, लोकतंत्र की छाया ही होता है। लोकतंत्र को वे महज सांसदों की संपत्ति बनाने की बजाए उसे समूचे समाज और उसकी संस्थाओं में समाया हुआ देखना चाहते थे। वे इसे आर्थिक और राजनीतिक क्षेत्र तक विस्तारित करना चाहते थे। उनका कहना था कि राज्य को बहुसंख्या पर अल्पसंख्या का शासन होने की बजाए नागरिकों द्वारा अपने आप पर शासन का तरीका होना चाहिए। मार्क्स का मानना था कि राज्य नागरिक समाज से अलग हो गया है और दोनों के बीच विरोध पैदा हो गया है। इसी विरोध को खत्म करना और राज्य को समाज के निकट ले आना मार्क्स का लक्ष्य था। इसी को वे लोकतंत्र कहते और समझते थे जो उनके मुताबिक समाजवाद में अपनी पूर्णता में प्रकट होगा।

दसवें आरोप के बतौर वे इस राय का उल्लेख करते हैं कि पिछले चालीस बरसों के सारे क्रांतिकारी आंदोलन मार्क्सवाद की हद से बाहर हुए हैं। नारीवाद, पर्यावरण के आंदोलन, समलिंगी आंदोलन, पशुओं के अधिकार आंदोलन, वैश्वीकरण विरोधी आंदोलन, शांति आंदोलन आदि वर्ग की कोटि से बाहर गए और उन्होंने नई राजनीतिक सक्रियता को जन्म दिया। इनकी वाम धारा तो है लेकिन ये आंदोलन उत्तर वर्गीय उत्तर औद्योगिक संसार के लिहाज से चल रहे हैं। इसका जवाब देते हुए ईगलटन कहते हैं कि नए दौर का सबसे मजबूत आंदोलन तो पूँजीवाद के विरुद्ध खड़ा हुआ है, उसे मार्क्सवाद से विच्छिन्न कैसे माना जा सकता है। जहाँ तक नारीवादी आंदोलन के साथ मार्क्सवाद का संबंध है तो यह बहुत सीधा सादा नहीं रहा है। अगर कुछ पुरुष मार्क्सवादियों ने स्त्री प्रश्न को सिरे से नकारा है तो कुछ अन्य ने इसे अपनी सैद्धांतिकी में शामिल करने की कोशिश भी की है। कुल मिलाकर नारीवाद में मार्क्सवाद का योगदान महत्वपूर्ण रहा है। इसी वजह से अनेक नारीवादियों ने माना है कि पूँजीवाद की समाप्ति के बिना नारी मुक्ति नहीं हो सकती। अन्य अब भी इस विश्वास पर कायम हैं कि शायद पूँजीवाद स्त्री उत्पीड़न का खात्मा कर देगा। हालाँकि पूँजीवाद के स्वभाव में ही मार्क्स स्त्री उत्पीड़न नहीं देखते लेकिन पितृसत्ता और वर्गीय सत्ता एक दूसरे के साथ इस कदर जुड़े हुए हैं कि एक की समाप्ति के बगैर दूसरे की समाप्ति की कल्पना मुश्किल नजर आती है। एंगेल्स की किताब *'परिवार, निजी संपत्ति और राजसत्ता का*

उदय' स्त्री आंदोलन का जरूरी पाठ बनी हुई है। क्रांति के बाद रूसी बोल्शेविकों ने स्त्री मुक्ति के सवाल को पूरी गंभीरता से उठाया और हल करने की कोशिश की। नारीवादी सवालों की तरह ही उपनिवेशवाद विरोधी संघर्षों में मार्क्सवादियों की भागीदारी सिद्धांत और व्यवहार के लिहाज से अतुलनीय रही है। सांस्कृतिक, लैंगिक, भाषा, भिन्नता, अस्मिता आदि के सवाल राजसत्ता, भौतिक विषमता, श्रम के शोषण, साम्राज्यवादी लूट, जन राजनीतिक प्रतिरोध और क्रांतिकारी रूपांतरण से जुड़े हुए हैं। अगर आप एक से दूसरे को जुदा करेंगे तो सैद्धांतिक भ्रम के अलावा कुछ भी हासिल नहीं होगा।

13

चढ़ाव उतार का जायजा

2011 में एरिक हाब्सबाम की 'एबैकस' से विशालकाय किताब 'हाउ टु चेंज द वर्ल्ड' प्रकाशित हुई। पुस्तक का उपशीर्षक है *'टेल्स आफ मार्क्स एंड मार्क्सिज्म'*। साफ है कि इसमें मार्क्स और मार्क्सवाद की कहानी कही गई है। कुल दो खंडों की इस किताब के पहले खंड में मार्क्स और एंगेल्स के लेखन की विशेषताओं को आठ अध्यायों में विवेचित किया गया है। दूसरे खंड के आठ अध्यायों में मार्क्स एंगेल्स की मृत्यु के बाद की मार्क्सवाद की विकास यात्रा को निरूपित किया गया है। इसमें 1956 से 2009 तक लेखक द्वारा मार्क्सवाद के सिलसिले में लिखे लेखों को कुछ को थोड़ा बदलकर, कुछ को विस्तारित करके शामिल किया गया है। इसमें मार्क्स-एंगेल्स और मार्क्सवाद की शास्त्रीय परंपरा के लेखकों के अलावे सिर्फ ग्राम्शी को शामिल किया गया है। पुस्तक को पढ़ते हुए यह तथ्य दिमाग में रखना उपयोगी होगा कि लेखक मार्क्सवाद की लेनिनीय और चीनी परंपरा के प्रति थोड़ा ज्यादा ही आलोचनात्मक रवैया रखते हैं।

पुस्तक के पहले अध्याय 'मार्क्स टुडे' में वे आज के दौर में मार्क्स की लोकप्रियता की एक वजह यह मानते हैं कि सोवियत संघ के आधिकारिक मार्क्सवाद के अंत ने मार्क्स को लेनिनवाद और लेनिन की प्रेरणा से बने समाजवादी निजामों के साथ जुड़ाव से मुक्त कर दिया और इस बात की गुंजाइश बनी कि आज की दुनिया के प्रसंग में मार्क्स की प्रासंगिकता को नई नजर से देखा परखा जाए। दूसरी वजह उनके अनुसार यह है कि 1990 के दशक में उभरने वाली वैश्विक पूँजीवादी दुनिया बहुत कुछ कम्युनिस्ट घोषणापत्र में पूर्वाशयित दुनिया की तरह नजर आई। यह चीज घोषणापत्र की 150वीं वर्षगाँठ के समय ही दिखाई पड़ने लगी थी क्योंकि उसी समय

वैश्विक अर्थव्यवस्था में नाटकीय उथल पुथल शुरू हुई थी। उनका कहना है कि निश्चय ही इक्कीसवीं सदी के मार्क्स बीसवीं सदी के मार्क्स से अलग होंगे। पिछली सदी में मार्क्स की जो छवि बनी उसमें तीन तत्वों का योग था। पहला कि जिन मुल्कों में क्रांति एजेंडे पर थी और जिनमें नहीं थी वे अलग अलग थे। इसी से दूसरी चीज यह बनी कि मार्क्स की विरासत दो हिस्सों में बँट गई- सामाजिक-जनवादी और सुधारवादी विरासत तथा रूसी क्रांति से बनी क्रांतिकारी विरासत। तीसरी चीज यानी 1914 से 1940 के बीच उन्नीसवीं सदी के पूँजीवाद और बुर्जुआ समाज के विघटन से यह बात और भी उजागर हुई। तब लगा था कि पूँजीवाद शायद इस झटके से उबर नहीं पाएगा। वह उबरा तो लेकिन पुराने रूप में नहीं। दूसरी ओर सोवियत संघ में जो समाजवाद स्थापित हुआ वह अजेय लगता था। लेकिन ऐसी धारणा बनी कि उत्पादक शक्तियों का पूँजीवाद के मुकाबले तीव्र विकास ही समाजवाद की बरतरी साबित करेगा जो मार्क्स ने शायद नहीं सोचा था। मार्क्स ने यह नहीं कहा था कि पूँजीवाद उत्पादक शक्तियों का विकास करने में अक्षम हो गया है इसलिए खत्म हो जाएगा बल्कि उनके अनुसार अति उत्पादन से पैदा पूँजीवाद का आवर्ती संकट अर्थतंत्र को नहीं चला पाएगा और असमाधेय सामाजिक संकटों को जन्म देगा। सामाजिक उत्पादन के परवर्ती अर्थतंत्र को जन्म देना पूँजीवाद के बस की बात नहीं, ऐसा समाजवाद के तहत ही हो पाएगा। अब बीसवीं सदी का यह समाजवादी माडल खत्म हो चुका है और दोबारा उसकी वापसी संभव नहीं है।

फिर भी लेख के अंत में वे बताते हैं कि अनेक मामलों में मार्क्सवादी विश्लेषण अब भी प्रासंगिक है। पहला तो पूँजीवादी आर्थिक विकास की अबाध वैश्विक गति और अपने सामने आने वाली किसी भी चीज का नाश, भले ही वह इनसे कभी लाभान्वित हुआ हो मसलन परिवार का ढाँचा। दूसरे पूँजीवादी विकास के क्रम में आंतरिक अंतर्विरोधों का जन्म जिसमें अनंत तनाव और तात्कालिक समाधान, वृद्धि के साथ जुड़े हुए संकट और बदलाव, अधिकाधिक वैश्विक होते अर्थतंत्र में भयावह केंद्रीकरण शामिल हैं। पुस्तक का दूसरा लेख मार्क्स से पहले के समाजवादियों से उनके संबंध को बताता है। इसके बाद मार्क्स के चिंतन में राजनीति की महत्ता बताने के बाद अलग अलग अध्यायों में उनकी और एंगेल्स की पुस्तकों- *कंडीशन आफ वर्किंग*

क्लास इन इंग्लैंड, कम्युनिस्ट मेनिफेस्टो, ग्रुंड्रीस आदि की व्याख्या करने के बाद मार्क्स-एंगेल्स के लेखन के प्रकाशन और संपादन की हालत का वर्णन किया गया है। कह सकते हैं कि किताब का पहला खंड बाद में वर्णित मार्क्सवाद के विकास की पूर्वपीठिका के बतौर लिखा गया है। पुस्तक का दूसरा खंड 'मार्क्सिज्म' के नाम से संकलित है और इसमें विभिन्न दौरों में मार्क्सवाद की उठती गिरती किस्मत पर प्रकाश डाला गया है।

कहानी की शुरुआत से पहले ही यह साफ कर देना होगा कि इन दौरों में जहाँ पहला दौर 1880 से 1914 का है वहीं दूसरा दौर सीधे 1929 से 1945 का है। बीच का 1914 से 1929 तक का दौर, हो सकता है, बिना किसी कारण के छोड़ दिया गया हो लेकिन लेनिन के बाद सोवियत संघ और अन्य मुल्कों में हो रहे विकास के प्रति लेखक की अरुचि की झलक भी इससे मिलती है। उनके वर्णन में तीसरा दौर 1945 से 1983 तक का है। इसके बाद का उतार का दौर 1983 से 2000 तक का है।

दूसरे खंड की शुरुआत वे इस बात से करते हैं कि मार्क्स के समर्थन और विरोध में इतना कुछ लिखा जा चुका और लिखा जा रहा है कि मौलिकता का दावा करने वाली ढेर सारी किताबों में पुराने तर्कों का ही दोहराव नजर आता है। उनका कहना है कि शुरू में मार्क्स को पूरी तरह से खारिज करने की प्रवृत्ति नहीं थी बल्कि शैक्षिक जगत के लोग भी कुछ क्षेत्रों में उनके योगदान को मान्यता देते थे। वह तो जबसे उनके सिद्धांतों को अमलीजामा पहनाने की कोशिशें शुरू हुईं तबसे समर्थन और विरोध दोनों ही नई ऊँचाई पर जा पहुँचे।

1880 से 1914 के बीच मार्क्सवाद के प्रभाव का विवरण देते हुए हाब्सबाम इस बात से शुरू करते हैं कि आम तौर पर मार्क्सवाद के समर्थक इतिहासकार जब मार्क्सवाद का इतिहास लिखने बैठते हैं तो सबसे पहले मार्क्सवादियों और गैर मार्क्सवादियों के बीच अंतर करते हैं और गैर मार्क्सवादियों को उसमें से निकाल बाहर करते हैं जबकि उन के अनुसार मार्क्स, फ्रायड और डार्विन की तरह ही आधुनिक दुनिया की आम संस्कृति में समाए हुए हैं इसके बावजूद कि मार्क्सवाद के प्रभाव का गहरा रिश्ता मार्क्सवादी आंदोलनों से रहा है। यह प्रभाव दूसरे इंटरनेशनल के दिनों से ही महसूस होना शुरू हो गया था। 1880 और 1890 दशक के दौरान मार्क्स के नाम से जुड़े समाजवादी और

मजदूर आंदोलनों का विस्तार हुआ और उसी के साथ इन आंदोलनों के भीतर और बाहर मार्क्स के सिद्धांतों का प्रभाव भी बढ़ा। आंदोलन के भीतर अन्य वामपंथी विचारधाराओं से मार्क्सवाद को होड़ करनी पड़ी और अनेक देशों में वह प्रमुख विचार के रूप में स्थापित हुआ। आंदोलनों से बाहर यह प्रभाव कुछ अर्ध और पूर्व मार्क्सवादियों पर दिखाई पड़ा। उनमें से मशहूर नाम इटली में क्रोचे, रूस में स्त्रूवे, जर्मनी में जोमबार्ट तथा शैक्षिक जगत के बाहर बर्नार्ड शा आदि हैं। इसी समय वह प्रवृत्ति भी दिखाई पड़ी जिसके तहत अनेक लोग मार्क्सवाद से अपना नाता तो नहीं तोड़ते थे लेकिन धीरे धीरे जिसे वे जड़सूत्रवाद कहते थे उससे दूर चले जाते और उन्हें ही बाद में संशोधनवादी बुद्धिजीवी कहा गया। मार्क्स के विचारों का प्रसार इस दौर में मुख्य रूप से यूरोप और प्रवासी यूरोपीयों में दिखाई पड़ता है। भारत में बंगाल के जो क्रांतिकारी 1914 से पहले सक्रिय थे वे बाद में मार्क्सवादी बने। हालाँकि यह दौर मुश्किल से तीस बरसों का है फिर भी हाब्सबाम ने इसे तीन चरणों में बाँटा है। पहला चरण इंटरनेशनल की स्थापना के बाद के पाँच छह बरसों का है जिसमें मार्क्सोन्मुखी समाजवादी और लेबर पार्टियों का जन्म और विस्तार हुआ। इनका जन्म एक तरह से अप्रत्याशित रूप से विभिन्न देशों के राजनीतिक पटल पर हुआ और मई दिवस जैसे कार्यक्रमों के जरिए उनकी अंतर्राष्ट्रीय उपस्थिति भी महसूस हुई। पूँजीवाद संकट में था और मजदूर वर्ग में उसके विनाश की आशा पैदा हुई। इसी दौर में 1891 में जर्मन सोशल डेमोक्रेटिक पार्टी ने आधिकारिक रूप से मार्क्सवाद से अपने को जोड़ा। दूसरा चरण 1895 के बाद का है जब विश्व पूँजीवाद का प्रसार होने लगा। इस चरण में जन समाजवादी मजदूर आंदोलनों की बढ़त जारी रही लेकिन इसी समय राष्ट्रीय आधार पर इस आंदोलन में विभाजन भी दिखाई पड़े। 1905 से 1917 तक तीसरा चरण रूसी क्रांति की प्रक्रिया है।

मार्क्सवाद के विकास का दूसरा दौर फासीवाद के विरोध से निर्मित है जिसे 1929 से 1945 तक लेखक ने माना है। इस दौर में पश्चिमी यूरोप और अंग्रेजी भाषी इलाकों में मार्क्सवाद गंभीर बौद्धिक ताकत के रूप में उभरा। बहरहाल 1920 में क्रांति की लहर के सुस्त पड़ते ही तीसरे इंटरनेशनल का मार्क्सवाद पश्चिमी बौद्धिकों के लिए उतना आकर्षक नहीं रह गया। उसके मुकाबले त्रात्सकीवाद का ज्यादा आकर्षण दिखाई पड़ा लेकिन इसका वास्तविक

आंदोलन की दुनिया में कोई खास दखल नहीं बना। कम्युनिस्ट पार्टियाँ ज्यादातर तीसरे इंटरनेशनल से प्रभावित थीं और उनके बुद्धिजीवी सदस्य इस स्थिति से असहज महसूस करते थे। इसी कारण पश्चिम में मार्क्सवाद का विकास बहुत कुछ उसकी मुख्य परंपरा से हटकर हुआ। सिर्फ साहित्य और कला के क्षेत्र में एक तरह का वामपंथी अंतर्राष्ट्रीय सहकार मौजूद रहा क्योंकि उसमें सैद्धांतिक प्रश्नों से इतर उस समय के आंदोलनों के प्रति भावनात्मक प्रतिबद्धता अभिव्यक्त हुई। इस क्षेत्र में आधुनिकता को लेकर चली बहस में आधिकारिक वाम के सामने बौद्धिकों ने समर्पण नहीं किया। अपनी देशी बौद्धिकता से कटे बगैर ये बुद्धिजीवी अंतर्राष्ट्रीय वाम संस्कृति के सहभागी बने। फ़ासीवाद विरोध ऐसा बिंदु था जिसने दुनिया भर में वामपंथी लेखकों कलाकारों को एकजुट किया और उनकी स्वीकार्यता बढ़ाई। इसका बड़ा कारण इस दौर की महामंदी (1929-1933) भी थी। पूँजीवादी संकट के मुकाबले नियोजित समाजवादी उद्योगीकरण ने सोवियत संघ की लोकप्रियता में इजाफ़ा किया और हिटलर को लेकर पूँजीवादी मुल्कों के संदिग्ध रुख के मुकाबले उसकी पराजय में रूस की भूमिका ने तो और भी बड़े पैमाने पर उसके प्रशंसक पैदा किए। 1936 में स्पेनी गणतंत्र के समर्थन में उठी लहर न होती तो वह लड़ाई अनजानी ही रह जाती। फासीवाद के विरोध में कम्युनिस्टों की अग्रणी भूमिका ने उन्हें विश्व शांति आंदोलन में अगुआ बना दिया। इसी दौर में मार्क्सवाद का प्रसार पिछड़े मुल्कों खासकर चीन और भारत में हुआ जो आगामी विकास के लिहाज से महत्वपूर्ण था।

मार्क्सवाद के प्रभाव का तीसरा दौर हाब्सबाम के अनुसार 1945 से 1983 तक है। इस दौर के आते आते अधिकांश यूरोप में समाजवादी और मजदूर आंदोलनों में मार्क्स के विचार सबसे बड़े प्रेरणा स्रोत हो गए और लेनिन तथा रूसी क्रांति की मार्फत बीसवीं सदी की सामाजिक क्रांतियों के लिए चीन से लेकर पेरू तक अंतर्राष्ट्रीय दिशा निर्देशक हो गए। दुनिया की एक तिहाई आबादी उन देशों में रहती थी जिनकी सरकारें मार्क्स के विचारों को अपना आधिकारिक मत घोषित करती थीं। इसके अलावा बाकी दुनिया में राजनीतिक आंदोलनों के जरिए ढेर सारे लोग मार्क्सवाद से जुड़े हुए थे। मानवता को प्रभावित करने के मामले में यह हैसियत पहले सिर्फ महान धर्मों के संस्थापकों को ही प्राप्त थी। इस क्रम में उनके विचारों में काफी बदलाव भी किए गए

लेकिन उनके मूल निश्चय ही मार्क्स के चिंतन में मौजूद थे। मजे की बात यह है कि उनके नाम पर स्थापित सभी शासन उदार लोकतंत्र के विपरीत लक्षणों से युक्त थे। लेकिन मानवता के इतिहास में यह कोई नई बात नहीं है। बदलाव के सभी प्रस्तोताओं के विचार समय के साथ बदलते हैं। कहने की जरूरत नहीं कि इसाइयत या इस्लाम के नाम पर चल रहे शासन इनके विचारों से कितना दूर हैं। आज के एडम स्मिथ भी 1776 के एडम स्मिथ नहीं हैं। मार्क्स के विचारों का यह दबदबा सौ सालों के व्यापक आंदोलनों का नतीजा है। उनके विचारों का यह प्रभाव पूर्व सामाजिक जनवादी पार्टियों द्वारा उनके प्रभाव से इनकार, सोवियत संघ की बदनामी और स्तालिन के विरुद्ध रूस में ही शासन द्वारा संचालित अभियान के बावजूद बना हुआ है। मार्क्सवाद की इस स्थिति के तीन संभव कारण वे गिनाते हैं। पहला कि मार्क्स की मृत्यु के बाद से ही उनका विचार यथास्थिति के लिए खतरनाक मजबूत राजनीतिक आंदोलनों के साथ और 1917 के बाद खतरनाक मानी जाने वाले सत्ताओं के साथ किसी न किसी तरह से जुड़ा रहा है। दूसरे कि मार्क्सवाद यथास्थिति का विरोध करते हुए भी एक बौद्धिक आंदोलन रहा है और 1970 दशक के बाद यथास्थिति का विरोध करके उसकी जगह नया समाज या कोई आदर्श समाज बनाने का सपना देखने वाले सभी लोग समाजवाद को ही अपना लक्ष्य घोषित करते रहे हैं। पुराने काल्पनिक समाजवादों में से कोई भी मार्क्स की मृत्यु के एक साल बाद नहीं बचा रह गया था इसलिए समाजवाद की कोई भी आलोचना मार्क्सवाद की ही आलोचना मानी जाने लगी। तीसरा कारण बीसवीं सदी में बुद्धिजीवियों में इसके प्रति जबर्दस्त आकर्षण रहा है। उच्च शिक्षा में बढ़ोत्तरी के साथ इनकी संख्या अभूतपूर्व रूप से बढ़ती गई और उनमें थोक के भाव मार्क्सवादी हुए। बहरहाल 1945 के बाद पचीस सालों तक तीन परिघटनाओं का मार्क्सवाद संबंधी बहस पर प्रभाव रहा है– (1) 1956 के बाद सोवियत संघ और अन्य समाजवादी देशों के बीच के रिश्ते (2) 'तीसरी दुनिया' और खासकर लैटिन अमेरिकी देशों की घटनाएँ और (3) 1960 दशक के अंतिम दिनों में औद्योगिक देशों के छात्रों की हड़तालें और उनका राजनीतिक रूप से क्रांतिकारी रुख पकड़ना।

इसी दौर में रूस की घटती लोकप्रियता के बरक्स चीन खासकर माओ का प्रभाव बढ़ा। क्रमशः क्रांति का गुरुत्व केंद्र अल्प विकसित देशों या तीसरी

दुनिया की ओर खिसकता गया। इन देशों का समाजवाद में रूपांतरण सैद्धांतिक रूप से भी ज्यादा बड़ा सवाल बनता गया। इस दौर में पहले के दोनों दौरों की तरह कोई अंतर्राष्ट्रीय कम्युनिस्ट केंद्र नहीं उभरा।

तीसरा दौर वे 1983 से 2000 तक मानते हैं जब उनके मुताबिक मार्क्सवाद में उतार आया हालाँकि सदी के अंतिम छोर पर उन्हें फिर से एक उभार दिखाई दे रहा है। असल में जो हुआ उसके लक्षण 1980 दशक में ही दिखाई देने लगे थे जब पूर्वी यूरोप के समाजवादी शासनों में संकट प्रकट होने लगे और चीन ने राह बदलनी शुरू की। हालाँकि रूस पर इनकी निर्भरता इतनी अधिक थी कि सोवियत संघ में कम्युनिस्ट पार्टी का शासन ढहते ही पूर्वी यूरोप के मुल्कों में ताश के पत्तों की तरह शासन बिखरने लगे और चीनी शासन को रूस के प्रभाव से कोई सहानुभूति नहीं थी फिर भी पूरी दुनिया के वामपंथियों को इससे झटका लगा क्योंकि समाजवाद के निर्माण का यही एकमात्र गंभीर प्रयास था। वह पूँजीवाद के पुराने और नए केंद्रों की शक्ति को प्रतिसंतुलित करने वाली महाशक्ति था। उसके बाद तो जनाधार वाले वे ही शासन बचे जो तीसरी दुनिया में थे।

14

कार्ल मार्क्स की एक नई जीवनी

मार्क्स के बारे में पैदा हुई हालिया रुचि की नवीनता का एक नमूना उनकी एक नई जीवनी है। 2011 में लिटिल ब्राउन एंड कंपनी से न्यूयार्क बोस्टन और लंदन में एक साथ प्रकाशित मेरी गैब्रियल लिखित *'लव एंड कैपिटल: कार्ल एंड जेनी मार्क्स एंड द बर्थ आफ ए रेवोल्यूशन'* शीर्षक जीवनी आई है और फ़्रांसिस ह्वीन लिखित मार्क्स की जीवनी की तरह ही व्यक्ति मार्क्स पर अपेक्षाकृत अधिक केंद्रित है। भूमिका में ही लेखिका बताती हैं कि उन्हें जब पता चला कि मार्क्स की सात संतानों में से जीवित बची तीन बेटियों में से दो ने आत्महत्या की थी तभी से उन्हें इस बात में रुचि पैदा हुई कि व्यक्ति मार्क्स के जीवन की गहराई से छानबीन की जाय। जीवनी औपन्यासिक शिल्प में लिखी हुई है ताकि इसे पढ़ने में पाठकों को बोझ महसूस होने की बजाए आनंद आए इसलिए आनंद उत्पन्न करने के सकारात्मक और नकारात्मक दोनों ही उपादान इसमें अपनाए गए हैं। इस जीवनी की सबसे बड़ी विशेषता यह है कि इसमें जेनी मार्क्स का व्यक्तित्व स्वतंत्र रूप से उभरकर सामने आया है। लेखिका का कहना है कि दिमागी मामलों में मार्क्स बेहद निर्मम थे। बुद्धि और तर्क के मामले में वे किसी को छूट नहीं देते थे इसीलिए यदि वे भी जेनी के बौद्धिक व्यक्तित्व का सम्मान करते थे तो इसका अर्थ है कि वे निश्चय ही मार्क्स के बौद्धिक प्रयासों में बराबर की भागीदार रही होंगी। यहां तक कि लेखिका द्वारा जुटाए गए सबूतों से जाहिर होता है कि जेनी कम्युनिस्ट आंदोलन के व्यावहारिक कामों में भी साझेदारी निभाती थीं। दूसरी विशेषता यह है कि लेखिका ने व्यक्ति मार्क्स के उद्‍घाटन के नाम पर शुरू तो थोड़ा मसालेदार तरीके से किया है लेकिन क्रमशः गहराई के साथ उस दुनिया के वर्णन में उतरती गई हैं जो बहुत कुछ मार्क्स के विचारों की पृष्ठभूमि का

निर्माण करती है। इसमें मार्क्स के चुभते हुए कथनों को उनके संदर्भ के साथ प्रस्तुत किया गया है। उदाहरण के लिए मुक्त व्यापार के सवाल पर मौजूद भ्रम के बीच उनका कहना कि मुक्त व्यापार का सीधा मतलब 'मजदूर को कुचलने की पूंजी की आजादी है'।

इसी जीवनी में पहले इंटरनेशनल के एक दस्तावेज का जिक्र है जो आश्चर्यजनक रूप से पुराना होने के बावजूद वर्तमान परिस्थिति को दर्शाता है : 'भाइयों ! हम एक महान, एक अद्भुत उद्देश्य का प्रतिनिधित्व करते हैं। हम अब तक दुनिया में घोषित सबसे महान क्रांति की घोषणा करते हैं, ऐसी क्रांति जिसकी गहनता और परिणामों की समृद्धि की दुनिया के इतिहास में कोई मिसाल नहीं। हम नहीं जानते कि इस क्रांति के परिणामों में हमें हिस्सा लेने की किस हद तक इजाजत मिलेगी। लेकिन हम यह जानते हैं कि यह क्रांति अपनी पूरी ताकत के साथ निकट आती जा रही है ; हम यह देख रहे हैं कि हर जगह, फ्रांस में और जर्मनी में, इंग्लैंड में और अमेरिका में सर्वहारा के क्रुद्ध जनगण पूंजी के शासन की जंजीरों से, बुर्जुआजी की बेड़ियों से आजादी के लिए आंदोलनरत हैं और इसकी मांग कर रहे हैं, उनकी आवाज में अक्सर अब भी भ्रम है लेकिन वह अभूतपूर्व रूप से दमदार और साफ होती जा रही है। हम देख रहे हैं कि बुर्जुआ वर्ग अब तक की सबसे अधिक समृद्धि की ओर है, कि मध्य वर्ग अधिकाधिक बरबाद हो रहा है और कि इस तरह खुद ऐतिहासिक विकास ही जनगण की तकलीफ और धनी लोगों की स्वेच्छाचारिता के जरिए एक महान क्रांति की ओर बढ़ रहा है जो एक दिन फूट पड़ेगी।' कहीं कहीं तो सचमुच यह दस्तावेज राजनीतिक घटनाक्रम को ऐतिहासिक नाटक की तरह प्रस्तुत करता है। 1848 की क्रांति के समय का समूचा यूरोप कल्पना की आंखों के सामने प्रत्यक्ष हो जाता है और राजाओं, कुलीनों तथा राजनेताओं के साथ ही साधारण शहरी मजदूर और विद्रोही चिंतक परदे के पीछे से निकलकर अचानक प्रमुख भूमिकाएं निभाने लगते हैं।

इन्हीं साधारण लोगों में ये विद्रोही अर्थात मार्क्स दंपति और उनके सदा के साथी एंगेल्स भी शामिल थे। किताब शुरू तो चटखारे लेने के टोन में हुई थी लेकिन धीरे धीरे उस समय की परिस्थितियों से होते हुए विद्रोहियों के 1848 के सपनीले युद्धों के वर्णन के बाद एक ऐसे अध्याय पर आती है जो क्रांतिकारी पत्रकारिता के इतिहास में बेमिसाल लगता है। न्यू *राइनिशे जाइटुंग*

का संपादन मार्क्स के जीवन का चमकता हुआ पन्ना है जिसमें वे बिना डरे तमाम कानूनी-गैर कानूनी लड़ाइयां तो लड़ते ही रहते हैं, जनता की नब्ज पर उनका हाथ रहता है और खासकर अंतिम अंक का लाल स्याही में प्रकाशन समर्पण के समय की गरिमा का उदाहरण बन जाता है। मजबूरी में ही सही मार्क्स जीवन भर रहे तो पत्रकार ही और इस पेशे के लिए अनुकरणीय साहस बनाए रखा।

लंदन के आरंभिक दिनों का वर्णन तो इतना दिल दहलाने वाला है कि इसे पढ़कर आश्चर्य होता है कि मार्क्स पागल क्यों नहीं हो गए। इस जीवनी के राजनीतिक होने के बारे में सिर्फ एक उदाहरण काफी होगा। 1850 तक मार्क्स को लगने लगा कि क्रांतिकारी ज्वार उतर चुका है। ऐसे में उनके कुछ साथी उतावले हो रहे थे। इस प्रसंग में लेखिका ने बताया है कि मार्क्स के मुताबिक क्रांति के लिए दो पूर्वावश्यकताएं होती हैं। क्रांति कुछ खास ऐतिहासिक प्रक्रियाओं का नतीजा होती है और इच्छा से बलपूर्वक अपरिपक्व हालात में नहीं संपन्न की जा सकती। इसके लिए एक तो जनता की वर्गीय चेतना बढ़ी हुई होनी चाहिए और ट्रेड यूनियनों के जरिए तथा अभिव्यक्ति, संगठन और प्रेस की आजादी के उपभोग के जरिए सामाजिक-राजनीतिक प्रक्रियाओं में उनकी भागीदारी भी बढ़ी हुई होनी चाहिए। दूसरी बात यह कि सर्वहारा द्वारा वर्गविहीन समाज अर्थात साम्यवादी समाज के निर्माण के पहले निम्न-पूंजीवादी शासन का दौर आता है। लेखिका का कहना है कि विचारों में तो वे क्रांतिकारी थे लेकिन व्यावहारिक राजनीति में परिस्थिति के परिपक्व होने से पहले कोई साहसिक कदम उठाने का विरोध करते थे। मार्क्स के लंदन वाले घर में गरीबी और अभाव जनित मौतों के क्रम में एक पुल कर्नल मुश की मौत इतना धक्का पहुंचाने वाली घटना थी कि इसके कारण मार्क्स के बाल एक दोस्त के मुताबिक रात भर में सफेद हो गए। उनको मुश की मौत नुकसान नहीं, चोरी महसूस हुई थी। किसी की सहानुभूति उन्हें मंजूर न थी। घर अचानक खाली हो गया था। मार्क्स इस निजी क्षति से पूरी तरह टूटा हुआ महसूस करने लगे।

घर बदल दिया गया ताकि मुश की यादें पीछा न करें। नए घर में एक साल के भीतर एक और संतान हुई लेकिन एक घंटे के भीतर ही उसने दम तोड़ दिया। अब तक चार संतानों की मौत हो चुकी थी। 1857 के आते-आते

आधुनिक किस्म के पहले संकट के लक्षण दिखाई देने लगे। आश्चर्यजनक रूप से उसका वर्णन वर्तमान संकट से मिलता जुलता है। वह भी अमेरिका से ही शुरू हुआ लेकिन अर्थव्यवस्था की घनिष्ठता के चलते यूरोप भी इसके लपेटे में आ गया। सदा की तरह बाहरी दुनिया की हलचलों ने आखिरकार परिवार का ध्यान निजी कष्टों से हटाया।

किताब में न केवल मार्क्स की पत्नी जेनी का स्वतंत्र व्यक्तित्व उभरकर आया है, बल्कि इसी नाम की उनकी सबसे बड़ी बिटिया भी इंटरनेशनल के कामों में मार्क्स की सहायक के बतौर सामने आती है। उसकी सक्रियता का आलम यह था कि आयरलैंड के साथ ब्रिटेन द्वारा किए जा रहे अन्याय के विरोध में लिखी उसकी रपटों के चलते इंग्लैंड की संसद में प्रधानमंत्री को कुछ हद तक अपने कदम वापस खींचने पड़े थे। एक प्रसंग हमारे देश के हालात से भी थोड़ा मेल खाता है। जब इंग्लैंड की रानी विक्टोरिया की पुत्री की शादी जर्मनी के बादशाह के पुत्र से तय हुई तो ज़र्मनों के स्वभाव की जानकारी के लिए उसने एक ब्रिटिश सांसद से मार्क्स से मिलकर इसका पता लगाने की प्रार्थना की। सांसद से मार्क्स ने जर्मनी में क्रांति की निकट संभावना व्यक्त की। जब सांसद ने जानना चाहा कि जर्मन सेना आखिर क्यों अपने ही शासकों के विरुद्ध खड़ी होगी तो जवाब में मार्क्स ने सेना में आत्महत्या की बढ़ती दर का हवाला दिया और कहा कि सैनिकों द्वारा अपने को मारने से आगे बढ़कर शासन करने वाले को खत्म करने में ज्यादा देर नहीं लगेगी।

जेनी को अंतिम दिनों में कैंसर हो गया और इसी बीमारी से जूझते हुए आखिरकार 67 साल की उम्र में उनका निधन हुआ। मौत के दो दिन पहले उन्होंने तमाम तकलीफ और गरीबी के बीच लिखी गई लेकिन अब तक गुमनाम रचना *'पूँजी'* की अंग्रेजी में प्रकाशित प्रशंसा सुनी जिसमें लेखक ने कहा था कि अर्थशास्त्र के लिए इस किताब का वैसा ही क्रांतिकारी महत्व है जो खगोलशास्त्र में कोपर्निकस की खोज का या भौतिकी में गुरुत्वाकर्षण अथवा यांत्रिकी का है। जेनी की मृत्यु के बाद मार्क्स के लिए जीना असंभव सा हो गया था। उसी में बड़ी बेटी की भी मृत्यु का समाचार सुनना पड़ा। इसके बाद उनके लिए जीवन भार हो गया। तीन महीने के भीतर ही मार्च में 64 साल की उम्र में मार्क्स भी नहीं रहे। उनकी मृत्यु जेनी के मरने के पंद्रह महीने के भीतर ही हो गई। एंगेल्स को दो साल में मार्क्स के परिवार

के तीन सदस्यों के शोक संदेश लिखने पड़े। उनकी मृत्यु के बाद एंगेल्स और बची हुई दोनों बेटियों की कोशिशों ने उनके विचारों की कौंध बुझने नहीं दी।

इस जीवनी की सबसे प्रमुख विशेषता यह है कि मार्क्स की मृत्यु के साथ ही यह समाप्त नहीं होती, बल्कि नौ अध्यायों का पूरा एक खंड 'आफ्टर मार्क्स' के नाम से है। मार्क्स के देहांत के बाद एंगेल्स और सबसे छोटी बेटी एलिनोर पर यह जिम्मेदारी आ गई कि मार्क्स का लिखा सब कुछ ठीक ढंग से प्रकाशित हो जाए। सामग्री में पांडुलिपियों के अलावे नोट, चिट्ठियों के साथ अखबार और किताबों के हाशियों पर दर्ज टीकाएं थी। *'पूँजी'* के दूसरे भाग के भी तमाम रूप थे। एंगेल्स ने मार्क्स की अनुपस्थिति में दुनिया भर से सलाह मशविरे के लिए आने वाली चिट्ठियों को संभालने के अलावा मार्क्स की इस निधि के उद्धार का संकल्प लिया। जीवन भर जिस एंगेल्स ने आंदोलनों से नाता रखा था उन्हें अब मार्क्स के लेखन और संपादन-प्रकाशन से जूझना पड़ रहा था क्योंकि आंदोलन के लिए सबसे जरूरी काम फिलहाल उन्हें यही महसूस हो रहा था। 1885 के शुरू में आखिरकार *'पूँजी'* का दूसरा भाग प्रकाशक के पास भेजा गया। डेढ़ साल के इस काम से एंगेल्स थक तो गए थे लेकिन तीसरे भाग को भी अंतिम रूप देने में जुट गए क्योंकि कोई और शायद न तो मार्क्स की लिखावट पढ़ पाता और न मार्क्स के लिखे का अर्थ समझ पाता। इन दो पांडुलिपियों के अतिरिक्त गणना के ढेर सारे कागज थे। इनके अलावे एक हजार पन्ने चौथे भाग के थे लेकिन एंगेल्स ने तय किया कि सारा लिखा व्यवस्थित कर लेने के बाद इसमें हाथ लगाएंगे क्योंकि उन पन्नों में बिखराव बहुत था।

बहरहाल मार्क्स की मृत्यु के एक साल के भीतर ही इंग्लैंड और फ़्रांस में मजदूर वर्ग में समाजवादी विचारों और साहित्य का तेजी से प्रसार हुआ। नतीजा कि जहां मार्क्स की मृत्यु के समय उनकी कब्र पर एक दर्जन लोग रहे होंगे वहीं पहली बरसी पर 6 हजार की भीड़ जुटी। हाइगेट कब्रगाह में लोगों को घुसने से रोकने के लिए पुलिस के पांच सौ सिपाही खड़े थे। फूल रखने के लिए औरतों को भी नहीं घुसने दिया गया। लोगों ने बगल के पार्क में सभा करके श्रद्धांजलि दी। इनमें फ़्रांसिसी और जर्मन लोगों से ज्यादा अंग्रेज थे जो इंग्लैंड में मार्क्स की लोकप्रियता में इजाफे का प्रमाण था।

1885 में जर्मनी में चुनाव हुए जिसमें समाजवादी प्रत्याशी भी चुनाव लड़े। समाजवाद विरोधी कानूनों के चलते इन प्रत्याशियों को राहत संगठनों के लबादे में चंदा वसूलना पड़ता, प्रचार सामग्री छिपाकर वितरित करनी पड़ती और प्रत्याशी भी नकली संगठनों की ओर से घोषित किए गए थे। इसके बावजूद पार्टी के चौबीस प्रत्याशी विजयी हुए। इससे पार्टी को विभिन्न कमेटियों में भागीदारी करने और कानून बनाने का मौका मिला। यह जीत सर्वहारा आंदोलन के लिए महत्वपूर्ण थी क्योंकि पहली बार जर्मनी की आबादी में किसानों के मुकाबले मजदूर बहुमत में आए थे और उद्योगों पर मुट्ठी भर पूंजीपतियों का कब्जा था। क्रांति न होने की स्थिति में सर्वहारा के लिए यही रास्ता सबसे मुफीद था। इंग्लैंड में भी पहले से दोगुना संख्या में मताधिकार प्राप्त मतदाताओं के साथ चुनाव हुए। समाजवादियों ने तीन प्रत्यशी खड़े किए और तीनों हार गए लेकिन नेता पर आरोप लगा कि लिबरल पार्टी से पैसा लेकर उसने ऐसी जगहों से समाजवादी प्रत्याशी खड़े किए जहां कंजर्वेटिव पार्टी के समर्थक अधिक थे। पार्टी की बदनामी हुई लेकिन असली तमाशा उस साल की अभूतपूर्व ठंड में गरीब बस्तियों में गर्मी का कोई बंदोबस्त न करने के विरोध में प्रदर्शन के दौरान हुआ। इस प्रदर्शन के समय जान बूझकर पुलिस की तैनाती कम की गई थी ताकि हिंसा होने से मजदूरों के दमन का बहाना मिल सके। हिंसा हुई और भीड़ ने आलीशान घरों को तोड़कर लूटपाट की। हिंसा का सबसे अधिक खतरा फ़्रांस में था। वहां चुनाव में वामपंथ विजयी हुआ था लेकिन संसद के भीतर उनमें कुर्सी की छीना झपटी ऐसी थी कि वे जनता की समस्याओं से आंखें मूंदे अपने शगल में लगे रहे। इसी समय एमिली जोला का कोयला खदान मजदूरों पर लिखे मशहूर उपन्यास *'जर्मिनाल'* का प्रकाशन हुआ जिसमें मजदूरों ने एक खदान के मैनेजर को जान से मार डाला था। एक ऐसी घटना हुई भी जिसका प्रभाव यह पड़ा कि संसद के अतिवादी समूह खामोश हो गए। एंगेल्स ने इसे काल्पनिक समाजवाद की मौत कहा। इसके कारण मजदूरों की समस्याओं पर तेजी से सरकारों और पूंजीपतियों का ध्यान गया जो शांतिपूर्ण हड़तालों से आकर्षित नहीं हो रहा था। कुल तीन मजदूर सांसदों के शोर के चलते सरकार ने खान मजदूरों के हालात में सुधार की बात की। इसे एंगेल्स ने मजदूर अधिकारों की मान्यता का पहला प्रमाण माना। उधर अमेरिका में 1886 में आठ शहरों में काम के घंटे आठ करने के लिए प्रदर्शन हुए। यह तो महज शुरुआत थी। इन्हीं प्रदर्शनों के क्रम में 1 मई

को आगे चलकर मजदूर दिवस की मान्यता मिली। ऐसी स्थिति में मजदूरों के बीच मार्क्सी समाजवाद भी अनजाना नहीं रह गया।

'पूँजी' के दूसरे भाग में पूंजीवाद के केंद्र से आगे के विस्तार का विश्लेषण किया गया था। इसमें जहां बाजार नहीं था वहां बाजार के निर्माण की प्रक्रिया का बयान है जो उपभोक्ता के न चाहने पर भी उसके सिर पर थोप देने वाली वस्तुओं का परिचालन करता है। जीवनीकार ने इसके लिए गृह निर्माण उद्योग का हवाला दिया है जो संयोगवश इस समय की स्थिति से बहुत मिलता जुलता है। इसमें बिल्डर जो घर बनाते हैं उसके लिए धन संभावित खरीदारों की ओर से नहीं प्रदान किया जाता, बल्कि सट्टा पर घर रख लिया जाता है जिसे अगला सट्टेबाज और भी ऊँची कीमत अदा करके रख लेता है। निर्माण के लिए बिल्डर कर्ज पर धन लेता है इस आश्वासन के साथ कि घर की बिक्री पर लौटा देगा। नतीजा कि आर्थिक हालत में सुधार की आशा में घर अधबने हाल में पड़े रहते हैं या कभी कभी नीलामी में लागत के आधे दामों पर बिकते हैं। इस तरह पूंजीवादी अतिउत्पादन एक और उद्योग को मंदी तेजी की अस्थिरता के हवाले कर देता है। मार्क्स ने कृषि में इस प्रक्रिया के प्रवेश को ऐसे पशुओं की प्रजाति के प्रचलन में देखा जो हलाल होने के लिए जल्दी तैयार किए जाते हैं। इसके कारण किसान खेती से ज्यादा फायदा इसमें देखकर अनाज की खेती से किनारा करने लगते हैं। इसके चलते कहीं अधिकाई तो कहीं अभाव पैदा होता है और अनाज का भाव बेहद बढ़ जाता है।

इधर 1889 में इंग्लैंड में एक के बाद एक हड़तालें शुरू हुईं जिनमें मार्क्स की आखिरी बेटी एलिनोर और उसके पति एवेलिंग नेतृत्वकारी भूमिका में रहे। इसके पहले ये लोग अमेरिका में समाजवाद के प्रचार के लिए भाषण देते घूमते रहे थे। सबसे पहले गैस मजदूरों की सफल हड़ताल हुई जिसके नेता आगे चलकर ब्रिटेन के सांसद भी बने। दूसरी हड़ताल गोदी मजदूरों की हुई जिसका प्रभाव लंदन शहर पर बहुत गहरा पड़ा। लंदन में जुटाए गए चंदे के बावजूद हड़ताली मजदूर टूटने की कगार पर पहुँच गए तभी आस्ट्रेलिया के गोदी मजदूरों द्वारा एकत्र की हुई तीस हजार पौंड की सहायता आ गई। जहाज कंपनियों की हालत खराब होने लगी और इस व्यापक एकजुटता से डरकर उन्होंने मजदूरों की मांगें मान लीं। यह जीत समाजवादियों की भी थी। अब

वे गरीबी से निजात दिलाने का रास्ता बताने वाले माने जाने लगे। एंगेल्स को लगा काश जीत का यह दिन देखने के लिए मार्क्स जीवित होते! इसी साल 14 जुलाई को मार्क्स की बेटी लारा के पति लाफार्ग ने बास्तील के पतन की सौवीं जयंती पर दूसरे इंटरनेशनल के गठन के लिए पेरिस में सोशलिस्ट कांग्रेस का आयोजन किया। यह घटना ऐतिहासिक रही क्योंकि उसी समय विश्व प्रदर्शनी के मौके पर एफिल टावर का भी उद्घाटन हुआ। एंगेल्स तो नहीं गए लेकिन एलिनोर और एवेलिंग ब्रिटेन के प्रतिनिधिमंडल में मौजूद थे। बीस देशों से 391 प्रतिनिधि एकत्र हुए थे। 6 दिनों की कार्यवाही के बाद कांग्रेस ने आठ घंटे काम के दिन, बाल श्रम पर प्रतिबंध और महिला तथा किशोर श्रमिकों के लिए नियम-कानून के समर्थन में प्रस्ताव पारित किए। उन्होंने मजदूरों के राजनीतिक संगठन की जरूरत तथा नियमित सेना के खात्मे और उसकी जगह जन-मिलिशिया की स्थापना से सहमति जताई। 1890 से प्रति वर्ष 1 मई को अंतर्राष्ट्रीय स्तर पर काम के आठ घंटे और मजदूरों के अधिकारों के लिए प्रदर्शन करने का फैसला किया गया। अब एंगेल्स ने *'पूँजी'* के तीसरे भाग पर हाथ लगाने का इरादा बनाया। उम्र भी सत्तर हो चली थी। 1890 की फरवरी में जर्मनी में हुए चुनावों में समाजवादियों को पिछले चुनाव के दोगुने वोट मिले और नई संसद में उनके 35 प्रतिनिधि निर्वाचित घोषित हुए। उस साल मई दिवस के प्रदर्शनों में पेरिस में एक लाख और लंदन में तीन लाख स्त्री-पुरुष मजदूर जमा हुए।

1891 में ब्रसेल्स में दूसरे इंटरनेशनल की कांग्रेस में मार्क्स के विचारों का अनुमोदन किया गया। यह महसूस होने लगा कि समाजवादी आंदोलन, ट्रेड यूनियनें और मजदूर हितों की बात करने वाले ढेर सारे दल अब परिपक्वता की ओर हैं, लगने लगा कि दशकों की मेहनत और संघर्ष से जो लाभ हुए हैं उन्हें किसी राजा की मर्जी या सेना के दमन से नहीं पलटा जा सकता है। ब्रसेल्स कांग्रेस ने यूनियनों पर बल दिया और मजदूरों का मुकाबला करने के लिए विश्व स्तर पर संगठित हो रही पूंजी के विरोध के लिए मजदूरों की अंतर्राष्ट्रीय एकजुटता की बात की। कांग्रेस ने मजदूर हितों के लिए चुनावों का इस्तेमाल करने की बात भी स्वीकार की। युद्ध को पूंजीवाद का उत्पाद मानने और शांति के लिए काम करने का भी विवादास्पद प्रस्ताव पारित हुआ। 1892 में आंदोलन और आगे बढ़ा। फ्रांस में वर्कर्स पार्टी को बाईस स्थानीय सरकारों

का नियंत्रण मिला और नगर पालिकाओं में 635 सीटें मिलीं। जर्मनी में भी ताकत मजबूत हो रही थी लेकिन लंदन में मई दिवस का प्रदर्शन ऐतिहासिक था। 6 लाख मजदूर जमा हुए और एंगेल्स को अंतिम युद्ध की आहट सुनाई पड़ने लगी। जुलाई में इंडिपेंडेंट लेबर पार्टी के तीन मजदूर प्रतिनिधि संसद में पहुंचे। इस जीत से उत्साहित होकर 1893 में 120 प्रतिनिधियों ने इंडिपेंडेंट लेबर पार्टी की स्थापना की। चार दिन बाद पार्टी का जो घोषणापत्र निकला वह पूरी तरह मार्क्स का लिखा लग रहा था। जो अध्यक्ष बने वे बाद में लेबर पार्टी के बड़े नेता साबित हुए। इसी साल जर्मनी में 44 सामाजिक जनवादी संसद में पहुंचे और पार्टी को सत्रह लाख वोट मिले। इसके कुछ ही दिन बाद दूसरे इंटरनेशनल की तीसरी कांग्रेस जूरिख में हुई। एंगेल्स ने समापन भाषण दिया। कांग्रेस में 18 देशों से चार सौ प्रतिनिधि आए थे। केवल पचास साल पहले मार्क्स और एंगेल्स ने समाजवाद का प्रचार शुरू किया था !

1894 में *'पूँजी'* का तीसरा भाग एंगेल्स ने 74 साल की उम्र में पूरा कर लिया। इसमें एकाधिकारी पूंजी और विश्व बाजार के निर्माण की कहानी थी। इसमें सट्टा बाजार और उसके परजीवी नियंताओं का इतिवृत्त था। इसमें कर्ज प्रणाली की परीक्षा की गई थी और बताया गया था कि पगारजीवी मजदूर इस कर्जदाता का भी गुलाम होता है। सबसे आगे बढ़कर मुनाफे की गिरती दर के चलते पूंजीवाद के विनाश की घोषणा की गई थी। अब एंगेल्स ने मार्क्स की जीवनी लिखने का संकल्प किया। लेकिन 1895 के अगस्त माह के आरंभ में एंगेल्स का देहांत हो गया। इसके बाद के अध्यायों में मार्क्स की जीवित दोनों बेटियों और उनके परिवारों की कथा है जिसमें सबसे मार्मिक लारा और लाफार्ग की है जिन्होंने आपसी सहमति से वृद्धावस्था की समस्याओं के चलते आत्मघात किया और जिनकी शवयात्रा में लगभग दो लाख लोग शामिल हुए। श्रद्धांजलि देने वालों में लेनिन भी थे।

15

किसान और मार्क्स

मार्क्स के लेखन और चिंतन के बारे में आम तौर पर माना जाता है कि उनकी चिंता का विषय केवल औद्योगिक मजदूर थे लेकिन सोचने की बात है कि अगर ऐसा ही होता तो अनेक ऐसे देशों में कम्युनिस्ट पार्टियों की लोकप्रियता कैसे बढ़ती जहां खेतिहर आबादी अधिक है ! यूरोप के देशों में भी उद्योगीकरण से पहले किसानों की आबादी ही थी जिसे खेती से उजाड़कर उद्योगों में काम करने वाले कामगार बनाया गया। यहां तक कि रूस में भी क्रांति के समय औद्योगिक मजदूरों के मुकाबले किसानों की तादाद अधिक थी। चीन तो क्रांति के समय खेतिहर मुल्क ही था। वियतनाम, क्यूबा आदि तीसरी दुनिया के देश भी खेतिहर ही थे जहां मार्क्स के विचारों पर आधारित कम्युनिस्ट पार्टियों ने शासन चलाया। यह तथ्य भी गौरतलब है कि मार्क्स के अभिन्न मित्र एंगेल्स ने 1850 में *'जर्मनी में किसान युद्ध'* नामक एक किताब लिखी थी।

मार्क्स ने जीवन भर पूंजीवाद के विनाशकारी प्रभावों के विरोध में लिखा और संघर्ष किया क्योंकि उनके मुताबिक पूंजीवाद ने काम करने वालों से उनके औजार छीन लिए थे। इसी के कारण कारखाने के मजदूर को मशीन पर काम करने में मजा नहीं आता था। किसान को अपने खेत पर काम करने में जिस अपनेपन का बोध होता था वह बोध मजदूर को किसी और के कारखाने में किसी और के दिए गए औजार के साथ काम करने में कभी नहीं हो सकता था। इसके अलावे एक और समस्या थी जिससे किसान से मजदूर बने लोग परेशान थे। खेती में अपनी मर्जी के मुताबिक काम करने के मुकाबले निश्चित समय पर काम करना आजादी का हनन महसूस होता था। पगार की बात आते ही पगार देनेवाला मालिक हो जाता है और लेनेवाला

उस पर निर्भर हो जाता है। सामाजिक रूप से यह बहुत बड़ा बदलाव था। इसीलिए हमेशा ही मार्क्सवादी लोग किसान समुदाय को मजदूर वर्ग का सबसे मजबूत साथी मानते रहे हैं। इसी के साथ एक और बदलाव पर उन्होंने ध्यान दिया था। किसान समुदाय की विशेषता काम के दौरान सहकारिता की भावना है। उसके मुकाबले पूंजीवाद ने काम करने वालों में आपसी होड़ की भावना को मजबूत किया। पूंजीवाद की अमानवीयता का शिकार कारखाने के मजदूर तो थे ही, वह किसान भी था जिसे खेती और गांवों से उजाड़कर शहरों में आधुनिक उद्योग की जरूरत के हिसाब से झुंड में बसा दिया गया था। आखिर मजदूर थे कौन ? जो लोग गांवों से उजड़कर शहर आए उन्होंने शुरू में कारखानों में काम करने की जगह भीख मांगकर गुजारा करना ठीक समझा। तब भीख मांगना कानूनी रूप से अपराध घोषित कर दिया गया। माइकेल पेरेलमान ने 2000 में ड्यूक यूनिवर्सिटी प्रेस से प्रकाशित अपनी किताब *'द इनवेंशन आफ कैपिटलिज्म: क्लासिकल पोलिटिकल इकोनामी ऐंड द सीक्रेट हिस्ट्री आफ प्रिमिटिव एक्यूमुलेशन'* में विस्तार से बताया है कि किसान से मजदूर बने इन लोगों से लगातार काम लेने के लिए इस बात का प्रचार किया गया कि आर्थिक विकास के लिए अधिक छुट्टी हानिकारक है।

कामगारों में मानवता के विनाश से चिंतित मार्क्स और उनके अभिन्न सहयोगी एंगेल्स ने मनुष्यता की रक्षा के लिए पूंजीवाद का विरोध किया था। उन्हें लगता था कि पूंजीवाद मनुष्य विरोधी व्यवस्था है। इसने मनुष्य को मनुष्यता से पूरी तरह वंचित कर दिया है। वे मनुष्य को प्रकृति का अभिन्न अंग मानते थे। उनका कहना था कि मानव शरीर भी प्रकृति का अंग है। इस तरह मनुष्य के भीतर और बाहर प्रकृति विद्यमान है। उनके अनुसार इन दोनों के बीच स्वच्छद अंत:क्रिया ही मानव जाति के अस्तित्व की रक्षा करेगी। इसीलिए वे समस्त मूल्य का स्रोत धरती और मानव श्रम को मानते थे। इस अंत:क्रिया को वे आनंदमूलक मानते थे और समझते थे कि इसके जरिए मनुष्य अपने आपको अभिव्यक्त करता है। पूंजीवाद से उनकी नफरत का कारण यह था कि जो क्रिया आनंद का स्रोत है वही इस व्यवस्था में कष्ट देने लगती है। पैसे रुपए की इस हृदयहीन व्यवस्था में कमाई चाहे जितनी हो जाए कभी आनंद का कारण नहीं हो सकती। मूल्य को जन्म देने के बाद मनुष्य उससे

अलग कर दिया जाता है और मुद्रा नामक एक रहस्यमय चीज सब कुछ पर काबिज हो जाती है। पुराने समाज में जिस तरह मनुष्य ने अपनी कल्पना से ईश्वर को जन्म देने के बाद उसकी अधीनता को स्वीकार कर लिया था उसी तरह पूंजी के इस नए युग में उसका नया ईश्वर पैसा बन बैठता है। पूंजीवाद से उनकी इसी शत्रुता में इस बात का रहस्य छिपा है कि यूरोप के एक कोने में जन्म लेने के बावजूद पूरी दुनिया में उनके विचारों को क्यों अतुलनीय लोकप्रियता हासिल हुई।

मार्क्स के बारे में जो शोध हुए हैं उनमें लगभग सबने इस तथ्य की ओर ध्यान खींचा है कि धीरे धीरे वे गैर-यूरोपीय समाजों के अध्ययन की ओर बढ़ते गए थे। थियोडोर शानिन नामक रूसी विद्वान ने एक किताब संपादित की *"लेट मार्क्स ऐंड द रशियन रोड: मार्क्स ऐंड 'द पेरिफेरीज आफ कैपिटलिज्म'"*। यह किताब 1983 में मंथली रिव्यू प्रेस से छपी और भारत में इसका प्रकाशन 2009 में आकार बुक्स ने किया। इसमें शानिन ने इस बात की ओर ध्यान खींचा है कि जीवन के आखिरी दिनों में मार्क्स विकासशील देशों के अध्ययन की ओर आकर्षित हुए थे। इसी सिलसिले में यह तथ्य भी रोचक हो जाता है कि *'कम्युनिस्ट पार्टी का घोषणापत्र'* के रूसी अनुवाद का दूसरा संस्करण वह अंतिम संस्करण है जिसकी भूमिका मार्क्स और एंगेल्स ने लिखी। इसके बाद के सभी संस्करणों की भूमिकाएं अकेले एंगेल्स को लिखनी पड़ी थीं। इस भूमिका में गंभीरता से इस संभावना पर सोचा गया है कि रूस के ग्रामीण सामुदायिक जीवन से बिना पूंजीवाद की ओर गए सीधे समाजवादी समाज में संक्रमण संभव है। मार्क्स के विचारों में जो बदलाव रूस के प्रसंग में शानिन ने रेखांकित किया था उसे और भी व्यापक पैमाने पर उजागर करते हुए केविन बी एंडरसन ने एक किताब लिखी *'मार्क्स ऐट द मार्जिन्स: आन नेशनलिज्म, एथनिसिटी, ऐंड नान-वेस्टर्न सोसाइटीज'*। यह किताब यूनिवर्सिटी आफ शिकागो प्रेस से 2010 में छपी है। इसमें एंडरसन ने रूस और पोलैंड के प्रसंगों के अतिरिक्त भारत, इंडोनेशिया और चीन के भीतर उपनिवेशवादी विस्तार के लिए पारपंरिक समाजों के विनाश और लूटपाट को सामने लाने वाले मार्क्स के लेखन पर विचार किया है। मार्क्स का मानना था कि गैर-पश्चिमी समाजों में हस्तक्षेप से पूंजीवाद के विकास का गहरा रिश्ता है। औपनिवेशिक विचारधारा के प्रभुत्व का

प्रमाण स्थानीय स्तर पर भी दिखाई पड़ना लाजिमी होता है। उपनिवेशों की लूटपाट के अतिरिक्त अपने ही मुल्क के भीतर आयरलैंड के साथ इंग्लैंड का आचरण भी मार्क्स और एंगेल्स की तीखी आलोचना का विषय बना था। इस पर ध्यान खींचने के अलावा एंडरसन ने अमेरिका में जारी गुलाम प्रथा के प्रसंग में नस्ली भेदभाव के सवाल पर मार्क्स के चिंतन का भी खाका खींचा है। यह सब पारंपरिक समाजों के योजनाबद्ध विनाश का ही अंग था। मार्क्स के चिंतन की इसी दिशा का विकास करते हुए जर्मनी की मार्क्सवादी नेता रोजा लक्जेमबर्ग ने कहा कि पूंजीवाद को अपने विकास के लिए गैर-पूंजीवादी अर्थतंत्रों की जरूरत होती है। जिन देशों में पूंजीवादी अर्थतंत्र की मौजूदगी नहीं होती उनके शोषण के बिना पूंजीवादी देशों में समृद्धि कैसे आएगी ! हम सभी जानते हैं कि इंग्लैंड के सूती वस्त्र उद्योग के लिए कपास का उत्पादन संयुक्त राज्य अमेरिका के उन दक्षिणी राज्यों के प्लांटेशनों में होता था जहां अफ्रीका से लाए गए गुलाम काम करते थे। इस अंतर्राष्ट्रीय आर्थिक व्यवस्था के लिए भारत के पारंपरिक वस्त्र उद्योग को तबाह तो किया ही गया, अफ्रीका के समाजों को भी गुलामी के आर्थिक लाभ सिखाकर भ्रष्ट किया गया था।

इसी वैचारिक और सैद्धांतिक पृष्ठभूमि में समझा जा सकता है कि रूस में क्रांति के बाद स्थापित शासन का एक महत्वपूर्ण कार्यभार जमीन के सवाल को हल करना कैसे बन गया। किसानों की आबादी का महत्व समझने के चलते ही लेनिन ने ग्रामीण इलाकों में बढ़ते खेतिहर मजदूरों पर ध्यान दिया था और उन्हें ग्रामीण सर्वहारा कहा था। यही नहीं इसी अनुभव और समझ के कारण उन्होंने उपनिवेशित देशों की जनता के स्वाधीनता आंदोलनों का समर्थन करने की नीति अपनाई थी और मार्क्स के नारे 'दुनिया के मजदूरों एक हो!' को सुधारकर 'दुनिया के मजदूरों और उत्पीड़ित राष्ट्रों के जनगण एक हो!' किया था। कहना न होगा कि उस जमाने में ज्यादातर ये स्वाधीनता संग्राम खेतिहर देशों के देहाती इलाकों की जनता के बल पर ही चल रहे थे। चीन के कम्युनिस्ट आंदोलन में किसानों की भागीदारी सर्वविदित तथ्य है। कुछ लोगों का यहां तक कहना है कि चीन की क्रांति ने उस किसान की परिवर्तनकारी सामाजिक भूमिका को स्थापित किया जिसे मार्क्स प्रतिगामी मानते थे। चीन में शुरू में कम्युनिस्ट शहरों में ही केंद्रित थे लेकिन सरकारी

दमन के चलते जब वे देहाती क्षेत्रों में गए तो माओ की भाषा में पानी में मछली की तरह सहजता से खप गए। चीन की क्रांति के बाद तो लगभग सभी महत्वपूर्ण कम्युनिस्ट आंदोलन तीसरी दुनिया के खेतिहर देशों में ही चले और इसी क्रम में किसान समुदाय मार्क्सवादी विचार विमर्श का अविभाज्य अंग बनता गया।

चीन के प्रसंग में एक और बात पर ध्यान देना जरूरी है। सभी जानते हैं कि वर्तमान दौर में जितनी तेजी से शहरीकरण और उद्योगीकरण चीन में हुआ है उतनी तेजी से शायद ही कहीं और हुआ हो। इसके बावजूद भोजन के मोर्चे पर कोई गंभीर मुश्किल दिखाई नहीं पड़ी है। इस पहलू के बारे में बात आगे बढ़ाने से पहले एक बुनियादी समस्या को रेखांकित करना उचित होगा। आजकल विकास के नाम पर जिस तरह अंधाधुंध शहरीकरण और उद्योगीकरण हो रहा है उसके क्रम में लोग भूल जा रहे हैं कि भोजन के लिए खेत और खेती का कोई विकल्प अब भी खोजा नहीं जा सका है। अगर विकास के लिए हड़पी गई जमीन के कारण खेती का रकबा कम होता जाएगा तो आगामी दिनों में अन्न के लिए दंगों और हिंसा को रोकना असंभव होगा। पूरी दुनिया में शहरीकरण के प्रसंग में यह संवेदनशीलता बरती जाती है ताकि विकास केवल कुछ दिनों की चमक न रहकर टिकाऊ और सतत रहे। ऐसा तभी हो सकता है जब खेती पर भी उतना ही ध्यान दिया जाए जितना चमकदार सड़कों या सट्टा बाजार के उछाल पर दिया जाता है। चीन के पास भारत के मुकाबले खेती की जमीन कम है फिर भी शहरी आबादी के भोजन लायक अनाज पैदा करने में वे सफल रहे हैं तो इसकी वजह यह भी है कि उन्होंने किसानी को घाटे का सौदा नहीं बनने दिया है।

चीन में इस समस्या को बेहतर तरीके से हल करने के पीछे वहां का कम्युनिस्ट पार्टी का शासन और उसकी नीतियां हैं। जिन देशों में ऐसी संवेदनशील सरकार नहीं रही वहां तथाकथित विकास के इस दौर में ग्रामीण आबादी में भूमिहीन लोगों की तादाद बढ़ती गई है। लेकिन दुनिया में कहीं भी मेहनतकश जनता ने सिर झुकाकर इन त्रासद स्थितियों को मान नहीं लिया वरन वे निरंतर संघर्ष कर रहे हैं। लैटिन अमेरिका के प्रसंग में मार्ता हार्नेकर ने 2002 में ब्राजील के भूमिहीन किसानों के सिलसिले में एक किताब लिखी *'लैंडलेस पीपुल-बिल्डिंग ए सोशल मूवमेंट'*। यह किताब भूमिहीनों के लिए

संघर्ष करनेवाले एक संगठन (MST) का पाठकों से परिचय कराती है। ब्राजील के देहाती क्षेत्रों में जमीन के मालिकाने के मामले में भारी विषमता है। ऐसे में भूमिहीनों में जमीन की भूख के चलते इस संगठन का जन्म हुआ। किताब इस संगठन के सत्रह साला बहादुराना संघर्ष की गाथा है। ऐसी ही एक और किताब का संपादन सैम मोयो और पेरिस येरोस ने किया है *'रीक्लेमिंग द लैंड: द रिसर्जेन्स आफ रूरल मूवमेंट्स इन अफ्रीका, एशिया ऐंड लैटिन अमेरिका'*। किताब जेड बुक्स से छपी है और हार्नेकर की किताब से इस मामले में अलग है कि जहां हार्नेकर ने लैटिन अमेरिका पर ही ध्यान दिया है वहीं यह किताब संघर्षों को समस्त तीसरी दुनिया के पैमाने पर फैला हुआ पाती है।

किताब की भूमिका में संपादकों ने विश्व अर्थतंत्र की परिधि पर स्थित देशों के देहाती क्षेत्रों में पिछले पचीस वर्षों में आए गहन समाजार्थिक और राजनीतिक बदलावों का जिक्र करते हुए बताया है कि नव उदारवादी निजाम की शुरुआत के बाद से किसानों और मजदूरों के काम के हालात में गिरावट आई है और इसके चलते उनमें आर्थिक और राजनीतिक विकल्पों की खोज तेज हो गई है। हाल के दिनों में साम्राज्यवाद आधारित इस निजाम के गहरे संकट में फंसने से ब्राजील से लेकर मेक्सिको, जिम्बाब्वे और फिलीपीन्स तक हरेक महाद्वीप में देहाती इलाकों में संघर्षों की बाढ़ आई हुई है। ये संघर्ष नए हैं और पर्याप्त जुझारू हैं। इसलिए दुनिया भर के विद्वानों में और शैक्षणिक जगत में इस सिलसिले में अध्ययनों की भरमार आई हुई है। संपादकों ने याद दिलाया है कि जब आर्थिक सुधार शुरू हुए तो दावा किया गया था कि इनसे ग्रामीण गरीबों को फायदा होगा लेकिन हुआ यह कि लगभग समूचे अफ्रीका में भुखमरी और कुपोषण के हालात पैदा हो गए। यही नहीं, इसके अलावा तमाम देशों में अंतहीन युद्ध और नरसंहार शुरू हुए और अब तक जारी हैं।

ऐसे में ग्रामीण और किसानी समस्या को लेकर तमाम तरह के नजरिए सामने आए हैं। विकास के महामंत्र की चमक फीकी पड़ने के बाद बेशर्मी के साथ अब 'टकराव के समाधान' और 'असफल सरकारों' के विश्लेषण किए जा रहे हैं। इनका पूरा परिप्रेक्ष्य प्रबंधकीय होता है अर्थात इनमें तात्कालिक प्रबंधन के कुछ उपाय सुझाए जाते हैं। इनसे अलग कुछ अन्य लोग

भूमि सुधार, अन्न सुरक्षा, पर्यावरण प्रबंधन तथा स्थानीय तकनीक के प्रयोग जैसे सवालों को उठाने की कोशिश करते हैं लेकिन ये भी समस्या के तथाकथित और तात्कालिक प्रबंधन के घेरे में ही घूमते रहते हैं। सोच विचार की तीसरी धारा के लोग दुनिया के पैमाने पर खेती और भोजन की व्यवस्था में होने वाले दीर्घकालीन बदलावों को देखने पर जोर देते हैं। ये लोग पूंजी के संकेंद्रण और खेती तथा भोजन प्रणाली में बढ़ते स्तरीकरण के आपसी रिश्तों की खोज करने का प्रयास करते हैं। इसमें जैव-प्रौद्यौगिकी संबंधी प्रयोगों के खेती में इस्तेमाल मसलन अधिक उपज वाले प्रयोगशाला में विकसित नए बीजों तथा खाद्य-सामग्री की बिक्री के अंतर्राष्ट्रीय संजालों पर विशेष ध्यान दिया जाता है। लेकिन अंतर्राष्ट्रीय परिघटनाओं पर अधिक ध्यान देने के कारण ये लोग समस्या के राष्ट्रीय और स्थानीय तत्वों को नहीं देख पाते। सोच विचार की चौथी धारा खेती-किसानी के सवाल पर सोचते हुए देहाती इलाकों के समाजार्थिक बदलावों के गतिविज्ञान को समझने पर जोर देती है। देहाती क्षेत्रों में बड़े पैमाने पर भूमिहीन सर्वहारा आबादी का विस्तार, अर्ध-सर्वहारा जैसे कामगारों के समुदाय का जन्म, खेती में धन्नासेठों की वापसी, ग्रामीण-शहरी संपर्क के बदलते रूप तथा स्त्री-पुरुष संबंध जैसे विषय इस धारा के लोगों की चिंता में शामिल हैं। अंतर्राष्ट्रीय परिघटनाओं की उपेक्षा न करते हुए भी इनका जोर स्थानीय और राष्ट्रीय परिप्रेक्ष्य पर रहता है। इनकी बातचीत में इस गुत्थी को सुलझाने की कोशिश की जाती है कि जब किसानी से लोगों के पलायन की बात को जोर शोर से प्रचारित किया जा रहा है तो वर्तमान दुनिया के अधिकांश प्रगतिशील और जुझारू आंदोलनों का देहाती इलाकों में ही केंद्रित होने का क्या कारण है।

खेती किसानी पर इस समय पूंजी का जितना विशाल और भयावह आक्रमण है उसके चलते खेती के इतिहास पर भी विद्वानों का ध्यान गया है। मार्सेल मजोयेर और लारेन्स रूदार्त ने इस विषय पर फ़्रांसिसी भाषा में एक किताब लिखी जिसका अंग्रेजी अनुवाद 2006 में *'ए हिस्ट्री आफ वर्ल्ड एग्रीकल्चर: फराम द नियोलिथिक एज टु द करेन्ट क्राइसिस'* शीर्षक से अर्थस्कैन नामक प्रकाशन से छपा है। आभार में लेखकों ने सबसे पहले उन किसानों का आभार माना है जो अपनी विद्या के सबसे बड़े ज्ञानी होते हैं। लेखकों का कहना है कि इक्कीसवीं सदी के आरंभ में धरती के लगभग आधे लोग गरीबी से जूझ

रहे हैं। बिना शक यह आबादी देहाती है और खेती से जुड़ी हुई है। सूखा-बाढ़, तूफान, पेड़-पौधों, पशुओं और मनुष्यों की बीमारी और युद्ध भी बहुत कुछ अंततः गरीबी और कुपोषण के कारण जानलेवा हो जाते हैं। मौसम संबंधी, शारीरिक और राजनीतिक दुर्घटनाओं की विभीषिका बढ़ जाती है अगर इनके प्रतिरोध की शक्ति और साधन कम हों। जिसे प्राकृतिक आपदा कहकर गैर जिम्मेदार सरकारें छुट्टी पा लेती हैं वे भी बहुत हद तक समाजार्थिक और राजनीतिक कारकों से प्रभावित होती हैं।

कुल मिलाकर कहा जा सकता है कि मार्क्सवाद ने पूंजीवाद के जिस आदमखोर और अप्राकृतिक चरित्र को उजागर किया था उसे अधिकाधिक लोग अब प्रत्यक्ष देख रहे हैं। मानव जाति के अस्तित्व और विकास के लिए मनुष्य और प्रकृति के बीच जिस तरह का साहचर्य और सहयोग अपेक्षित है उसे पूरी तरह से उलटकर पूंजीवाद ने धरती और मनुष्य के लिए अभूतपूर्व खतरा पैदा कर दिया है। विकसित पूंजीवादी देशों ने अपनी उपभोगवादी जीवनशैली के कारण तमाम तरह की ऐसी समस्याओं को जन्म दिया है जिनके नतीजों को सारी दुनिया को भुगतना पड़ रहा है। खुद को इन नतीजों से सुरक्षित रखने के लिए वे समुद्र के बीच के द्वीपों या अंतरिक्ष में बसने की संभावना तलाश रहे हैं। पश्चिमी देशों की करनी के बुरे प्रभाव तीसरी दुनिया के देशों और वहां भी देहाती इलाकों के खेती पर निर्भर लोगों को भुगतने होंगे।

ऐसे हालात को उलटने के लिए जो आंदोलन हो रहे हैं उनमें मार्क्स के विचारों से प्रभावित वामपंथी ताकतें सबसे अग्रिम मोर्चे पर हैं। पूंजीवाद का यह वर्तमान हमला और कुछ नहीं मुनाफा कमाने के लिए अंतिम संभावना को भी दूह लेने की हताशा भरी कोशिश है। इसके लिए पूंजी ने सब कुछ को विक्रेय बना दिया है। आज से पहले कौन कह सकता था कि पानी पीना और बात करना भी मुनाफा कमाने का जरिया बन सकता है लेकिन बोतलबंद पानी और फोन की बिक्री के सहारे पूंजी ने इनसे भी लाभ अर्जित किया। हताशा के कारण ही इस पर रंच मात्र रोक भी उसे बर्दाश्त नहीं है। सब कुछ से लाभ उठाने की इसी रणनीति को आजकल विकास कहा जा रहा है और जिन किसानों ने नव प्रस्तर काल से अन्न उगाकर मनुष्य जाति को जीवित रखा उन्हें और उनके व्यवसाय को ही विकास की राह में बाधा

बताया जा रहा है। खेती और किसानी का विनाश धरती और मनुष्य के खात्मे के इस विनाशकारी अभियान का आगाज है। यही कारण है कि वर्तमान नव उदारवादी निजाम का विरोध केवल मार्क्सवादी नहीं बल्कि मनुष्यता की रक्षा के लिए प्रतिबद्ध अधिकांश लोग कर रहे हैं। इसने सचमुच मानवता के लिए अब तक के इतिहास का सबसे गंभीर खतरा पैदा कर दिया है। दुनिया में बड़े पैमाने पर तमाम समझदार लोग इस पागलपन से मुक्ति दिलाने की कोशिश में लगे हुए हैं।

अंत में

नए दौर में मार्क्सवाद के विकास के सिलसिले में अमेरीकी विचारक रिचार्ड लेविन्स ने अगस्त 1913 में *'बोल्शेविक मंथली मैगजीन'* में प्रकाशित *'कांटिनियुइंग सोर्सेज आफ मार्क्सिज्म'* शीर्षक लेख में लिखा है कि '1913 में लेनिन ने मार्क्सवाद के तीन बौद्धिक स्रोतों का उल्लेख किया था: जर्मन दर्शन, ब्रिटिश राजनीतिक अर्थशास्त्र और फ़्रांसिसी काल्पनिक समाजवाद– लेकिन यह प्रक्रिया वहीं खत्म नहीं हुई। मार्क्सवाद हरेक युग के सर्वाधिक विकसित और मुक्तिकारी विचारों से सीखते हुए आगे बढ़ता रहा है। मैं यहां मार्क्सवाद को समृद्ध करने वाले चार स्रोतों को चिन्हित करना चाहता हूं : पर्यावरण, नारीवाद, राष्ट्रीय/नस्ली संघर्ष और शांतिवाद।' इसके बाद वे इन चारों आंदोलनों के सैद्धांतिक योगदान की परीक्षा करते हैं। उनका कहना है कि ये विचार मार्क्स के पूर्ववर्ती तीनों विचारों से अलग तरीके से मार्क्सवाद से जुड़ते हैं। ये नए विचार मार्क्सवाद के बाहर से आए हैं लेकिन यह बाहर भी ऐसी जगह है जिस पर मार्क्सवाद का असर है। इसीलिए इन विचारों का स्वागत भी हुआ और प्रतिरोध भी हुआ। वे कहते हैं कि अब तक इन्हें राजनीतिक सहयोगी के बतौर ही देखा गया है लेकिन लेविन्स इनका महत्व सिद्धांत के क्षेत्र में भी मानने पर जोर देना चाहते हैं।

पर्यावरणवाद के सिलसिले में वे बताते हैं कि मार्क्सवाद में पूंजीवाद की आलोचना के बतौर प्रारंभिक उद्योगीकरण के चलते प्रकृति का विनाश, शहर और देहात के बीच जैविकीय अलगाव, शहरों और समूची पृथ्वी का प्रदूषण जैसी बातें उठाई और शामिल की गई थीं। जीवन और समाज के द्वंद्वात्मक नजरिए में मानवता और प्रकृति की अविभाज्यता अंतर्निहित है। लेकिन बाद में मार्क्सवाद के भीतर जैसे जैसे सत्ता केंद्रित चिंतन हावी हुआ वैसे वैसे इसे

रोजगार सृजन में बाधा के बतौर देखा जाने लगा। इसको शहरी मध्य वर्ग तक सीमित बुर्जुआ अय्याशी भी समझा गया। सारी मानवता की चिंता को वर्ग संघर्ष से ध्यान भटकाने वाला माना गया। पशु जगत के प्रति चिंता को मनुष्य की समस्याओं की अनदेखी कहा गया। लेकिन इस असहजता के बावजूद अनेक मार्क्सवादी इस आंदोलन के साथ जुड़े रहे। सोवियत संघ में तो नहीं, लेकिन जिन तीसरी दुनिया के मुल्कों में तथाकथित विकास औपनिवेशिक सत्ता की देखरेख में हुआ था वहां के मार्क्सवादी विकास के लिए पर्यावरण के विनाश को महसूस करते थे और राष्ट्रीय मुक्ति आंदोलन का ही अंग पर्यावरण की रक्षा भी मानते थे। क्यूबा में तो विकास का ऐसा रास्ता अख्तियार करने की कोशिश की गई जो पर्यावरण को नुकसान न पहुंचाए।

नारीवाद का सवाल इससे अधिक गंभीर है। वे कहते हैं कि वैसे तो एंगेल्स की किताब *'परिवार, निजी संपत्ति और राजसत्ता का उदय'* में कहा गया है कि किसी भी समाज का निर्माण तात्कालिक जीवन के उत्पादन और पुनरुत्पादन के संबंधों पर होता है लेकिन आगे चलकर ध्यान में सिर्फ उत्पादन रह गया और पुनरुत्पादन का तत्व विश्लेषण से गायब हो गया। बुर्जुआ नारीवाद के उभार को बहाना बनाकर स्त्री-प्रश्न को वर्गीय एकता को तोड़ने वाला समझा जाने लगा। लेकिन 40 के दशक में वामपंथी नारीवदियों का एक मजबूत समूह उभरा जिसने वर्ग, लिंग और नस्ल के तिहरे उत्पीड़न का सवाल उठाया। इन तीनों के विरुद्ध संघर्ष में एक ही तरह की रणनीति अपनानी पड़ती है। नस्लवाद का खात्मा नस्ल की छद्म-शारीरिक कोटि के खात्मे पर निर्भर है, लिंग आधारित उत्पीड़न भी लिंगीय ऊंच-नीच की धारणा के खात्मे पर निर्भर है, वर्गीय शोषण भी वर्ग-समाज के उन्मूलन पर निर्भर है। नारीवाद ने श्रम, पुनरुत्पादन और यौनिकता, सामाजिक प्रक्रिया, विचारधारा और संगठन के मामले में मार्क्सवाद को समृद्ध किया है। इसके बाद वे बिंदुवार एक-एक तत्व की शिनाख्त करते हैं- 1) स्त्रियां दुनिया का अधिकांश काम करती हैं लेकिन उन्हें आदर्श श्रमिक नहीं माना जाता। प्रत्येक समाज में उनका काम उत्पादन और पुनरुत्पादन के बीच बंटा होता है। बंटवारे के इसी तरीके से ज्यादातर उनकी सामाजिक हैसियत तय होती है। पुनरुत्पादन में महज गर्भ धारण नहीं आता, इसमें उत्पादक आबादी की देखरेख संबंधी सारे काम आ जाते हैं; 2) अनेक उद्योगों में वे पगारजीवी मजदूर होती हैं,